ポンチ絵と**Q&A**ですぐわかる

国際税務のポイント

〈個人課税・源泉編〉

コンパッソ税理士法人 編集

ビジネス教育出版社

はじめに

　この本は、最初から最後までゆっくりと読む人はいないことを前提にして作成しています。

　手っ取り早く理解したいと考えているのに、細々とした税法を読みたいと思うのは、学者か税理士くらいです。実務家にとっては、くどくどと説明されるよりも、いち早く結果を教えて欲しいものです。

　そのような考え方から、この本の作り方は、おおむね

左側には基準となるポンチ絵、まとめた表またはQ&A
右側のページには、説明、解説

となっています。

　必要なところを用件のみを見るということです。そして、この本は、ポンチ絵やまとめた表からはじめています。

　ポンチ絵とは、業界用語というわけではありませんが、概略図のことをいいます。

　通常の本であれば、説明から図または表に入りますが、この本では、まず視覚から入り、そこから説明に入ります。

　短い時間で説明をしようとした場合、絵を見せてそこから説明するほうが、頭の中には入りやすくなります。

　また、Q&A形式でのケースでの解説の場合は、すぐに回答を入れています。回答に至るまでの説明を右側のページで解説を入れています。直感で質問があったときと、その回答にいくつか差異がでてくると思います。その回答と質問の差異を埋めるために右側に解説を入れています。

　なお、丁寧語（ですます体）はほとんど使用していません。丁寧語を入れることで読む文字量が増えることを避けるためです。読み手の時間を短くすることのほうが大切だと考えたからです。

　今回は、国際税務関係で発生しやすい個人・源泉徴収制度を主として執筆しています。

　編成順序についても、一般の本とは異なっている部分も多いと思いますが、あくまでも実務家の仕様として見やすいと思われる方法をとっています。皆様の実務にとって有効に活用していただければ幸甚です。

第1章

居住者・非居住者等への課税の仕組み

第2章

海外取引と源泉徴収

第3章
国際関係の法定調書

第4章
海外取引に係る情報交換制度

〈コラム〉

5

第1章

居住者・非居住者等への課税の仕組み

1 居住者の判定と課税の仕組み

居住者・非居住者の課税を考える場合、実務上は以下の順序で検討

STEP1：居住者か非居住者かの判定　日本国内の住所または居所の有無を確認

↓

STEP2：受領した所得が国内源泉所得に該当するか否かの確認

↓

STEP3：国内源泉所得の所得の種類に応じた課税方法の確認

【居住形態判定フローチャート】

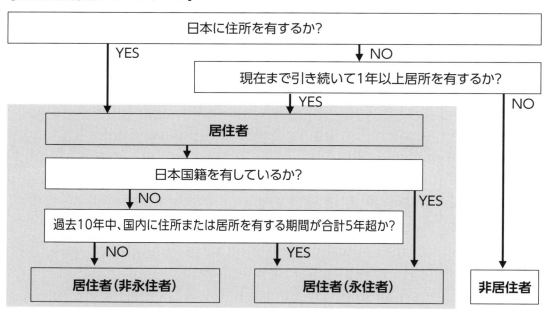

日本に住所を有するか？
　YES　　　NO
現在まで引き続いて1年以上居所を有するか？
　　　YES　　　　　　　　　　NO

居住者

日本国籍を有しているか？
　NO　　　　　　　　　　　　YES

過去10年中、国内に住所または居所を有する期間が合計5年超か？
　NO　　　　　　　　YES

居住者（非永住者）　　　**居住者（永住者）**　　　**非居住者**

課税：国外源泉所得以外の所得
課税：国内で支払われたもの
　　　または国外から送金されたもの
課税なし：国外源泉所得

課税：すべての所得

課税：国内源泉所得
課税なし：国外源泉所得

> **居住者や非居住者となる場合の起算日は？**
>
> 　出入国によって、居住者や非居住者となる場合における起算日は、次のとおり
> ① 　居住者が出国した場合（所基通2−4の3）
> 　　　出国の日までが居住者
> 　　　**出国の日の翌日から非居住者**
> ② 　入国した場合（所基通2−4）
> 　　　居住期間の計算の起算日や居住者となる日は、**入国の日の翌日**

居住・非居住および計算期間において根拠とする通達

　　イ　所基通2−1（住所の意義）

　　ロ　所基通2−2（再入国した場合の居住期間）

　　ハ　所基通2−3（国内に居住する者の非永住者等の区分）

　　ニ　所基通2−4（居住期間の計算の起算日）

　　ホ　所基通2−4の2（過去10年以内の計算）

　　ヘ　所基通2−4の3（国内に住所又は居所を有していた期間の計算）

居住者・非居住者の判定

居住者と非居住者の区分

居住者	①国内に**住所**を有する個人、または②国内に現在まで引き続いて**1年以上居所**を有する個人	
	非永住者	居住者のうち**日本の国籍を有しておらず**、かつ、**過去10年以内**において国内に住所または居所を有していた期間の合計が**5年以下**である個人
	永住者	非永住者以外の居住者
非居住者	非居住者とは、居住者以外の個人 居住者・非居住者のどちらに該当するかで、課税所得の範囲が異なる	

来日外国人等		日本での勤務期間が辞令や出向契約書等で1年未満となっている場合を除き、入国の日の翌日から日本の居住者
海外勤務者		海外での勤務期間が辞令や出向契約書等で1年未満となっている場合を除き、出国日の翌日から非居住者

●留意事項

　従業員を海外に派遣する場合、海外勤務期間を明示した辞令や出向契約書を作成し、居住者・非居住者の判定が曖昧にならないようにする。

★ 「住所」の判定基準

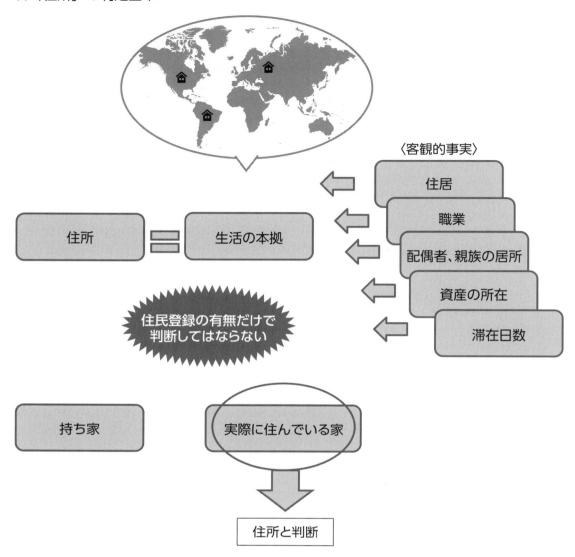

租税条約の双方居住者の振分け方法（OECDモデル条約）

①<u>恒久的住居</u>の存在する国

↓〈恒久的住居が双方にある〉

②<u>重要な利害関係の中心がある国　人的および経済的関係のより密接な国</u>

↓〈重要な利害関係の中心がある国が決定できないまたは恒久的住居が存在しない〉

③<u>常用の住居</u>が存在する国

↓〈常用の住居が双方にあるまたはいずれにも存在しない〉

④その者が<u>国民である国</u>

↓〈その者が双方の国民またはいずれの国民でもない〉

⑤<u>両国の当局の合意</u>により解決

「住所」とは

所得税法では「住所」について特に定義されておらず、民法上の「住所」の概念を借用。

法に規定する住所とは、各人の**生活の本拠**をいい、生活の本拠であるかどうかは**客観的事実**によって判定（所基通2-1（住所の意義））

「客観的事実」は、以下の事項を総合的に勘案して判定
① その者の住居はどこか
② どこで職業に就いているか
③ 生計を一にする配偶者や親族の居所はどこにあるか
④ 資産はどこに所在するか

住所の推定

(1) 国内に住所を有する者と推定する場合（所令14）

イ　その者が国内において、**継続して1年以上居住することを通常必要とする職業を有すること**
ロ　その者が日本の国籍を有し、かつ、その者が国内において生計を一にする配偶者その他の親族を有することその他国内におけるその者の職業及び資産の有無等の状況に照らし、その者が国内において継続して1年以上居住するものと推測するに足りる事実があること

(2) 国内に住所を有しない者と推定する場合（所令15）

イ　その者が国外において、**継続して1年以上居住することを通常必要とする職業を有すること**
ロ　その者が外国の国籍を有し、又は外国の法令によりその外国に永住する許可を受け、かつ、その者が国内において生計を一にする配偶者その他の親族を有しないことその他国内におけるその者の職業及び資産の有無等の状況に照らし、その者が再び国内に帰り、主として国内に居住するものと推測するに足りる事実がないこと

(3) 国内または国外において事業を営み、もしくは職業に従事するため国内または国外に居住することとなった者の場合（所基通3-3）

　その地における在留期間が契約等によりあらかじめ1年未満であることが明らかな場合を除き、「継続して1年以上居住するもの」として扱われる。

【ケース１】海外での勤務期間が明確に決まっていない場合

社員Ａは、本年４月より同社の香港支店に勤務することとなり、４月２日に出国。

香港支店での勤務期間については決まっていない。Ａの居住形態は？

さらに業務の都合または病気などの事情により３カ月後の７月に入国した場合は？

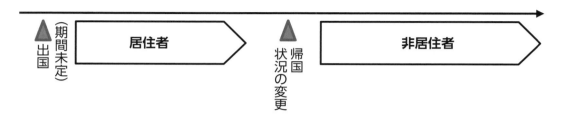

【回答】　出国の日の翌日４月３日から、非居住者

予定変更により帰国した７月から居住者

【ケース２】状況の変化により滞在期間が変更となった場合

①　外国人Ｂは、東京支店に２年間勤務する予定でフランス本社から来日。

しかし、業務の都合により１年未満で本国での勤務となり帰国した。Ｂの居住形態は？

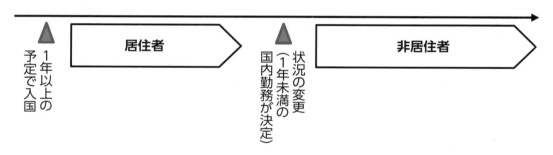

【回答】東京支店に１年以上勤務する予定で来日した外国人Ｂは、入国当初から居住者

②　外国人Ｃは、１年未満の予定で東京支店に赴任。

しかし、プロジェクトが当初の予定以上に長引き、東京支店での勤務期間が１年以上になった。Ｃの居住形態は？

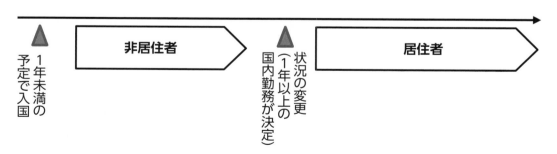

【回答】１年未満の予定で来日した場合、非居住者

その後状況が変化し、勤務期間が１年以上であることが明らかとなった場合、その明らかとなった日から居住者

在留期間による居住者区分

外国での在留期間	判定
1年未満	居住者
1年以上	非居住者
期間の定めなし	

※入国の場合は、出国の場合と区分が逆

【ケース1の解説】

　在留期間があらかじめ1年未満であることが明らかな場合を除き、これらの者は、その地において、**継続して1年以上居住することを通常必要とする職業を有するものとして取り扱う**（所基通3−3）。

　このケースでは、香港での勤務期間が決まっていないので、「香港での在留期間が1年未満であることが明らか」とはいえない。したがって、Aは、香港において、継続して1年以上居住することを通常必要とする職業を有するものとして、出国の日の翌日から非居住者に該当。

【ケース2の解説】

　事情変更が生じて勤務期間の変更があった場合、**事情変更が生じたときに居住者・非居住者の再判定を行うが、遡及して居住者・非居住者の区分が変更されることはない**。

①　当初、東京支店に1年以上勤務する予定で来日した外国人Bは、入国の当初から居住者。その後、勤務期間が1年未満となることが明らかになった場合、その明らかになった日から非居住者となる（入国時に遡及して非居住者となることはない）。

②　当初、1年未満の予定で入国した外国人Cは、入国の時は、非居住者として扱われる。その勤務期間が1年以上となることが明らかとなった場合、その明らかになった日以後は居住者となる。

コラム

米国の居住者

　米国では個人の確定申告の申告身分（filing status）や米国居住者身分により課税対象となる所得や控除可能な項目が異なるが、米国市民以外の人が米国居住者であるか、非居住者であるかの判断は、グリーンカードテストか実質滞在テストによって決定される。

＜グリーンカードテスト＞

　グリーンカード所持者は、世界中どこにいても米国居住者となる。海外にいてグリーンカードを取得した場合、最初に米国に入国した日から居住者となる。

＜実質滞在テスト＞

　実質滞在テストによって居住者判断をする場合、申告対象年度に31日以上滞在し、当該課税年度を含む3年間の滞在合計が183日を超える場合、居住者と見なされる。

計算方法：

　（当該年度の滞在日数）＋（前年度滞在日数の1/3）＋（前々年度の滞在日数の1/6）

★短期滞在者免税とは

〈短期滞在者免税の3要件〉

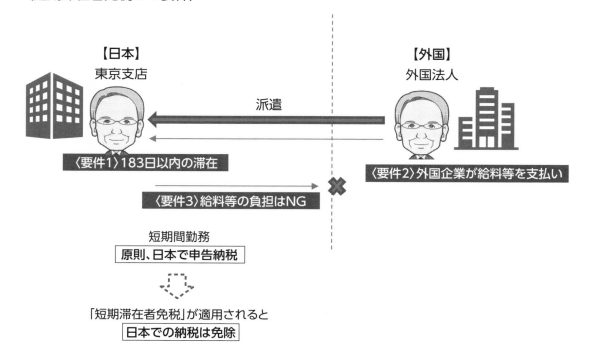

短期滞在者免税の3要件（一般的な租税条約の例）

〈要件1〉勤務地での滞在期間が、183日を超えないこと

〈要件2〉給料等が、外国の企業から支払われること

⇒給料等が滞在地国の企業から支払われていないこと

〈要件3〉給料等を滞在地国にある支店等が負担しないこと

⇒給料が支店等の損金に算入されていないこと

短期滞在者免税とは

　海外から来日した外国人が日本国内で勤務したことにより給与等の報酬を受けた場合、原則、国内源泉所得に該当するため日本の所得税が課せられる。日本への派遣が短期間であっても、日本での勤務に基因する部分の給与については日本で所得税の対象。

　しかし、日本との間で租税条約を締結している場合、一定の要件のもと、勤務地国での課税が免除される（「短期滞在者免税」または「183日ルール」）。

短期滞在者免税の留意点

① 　短期滞在者免税は、その者が滞在地国において非居住者であることが前提。したがって、滞在地国で居住者となれば、短期滞在者免税は適用されない。
② 　183日の計算方法は、暦年単位で計算する条約もあれば、継続する12カ月で計算する条約もある。計算方法は、租税条約によって異なり、租税条約の文言を確認する。
③ 　短期滞在者免税は、租税条約を締結していない国との間では適用されない。

「183日」はどうカウントする？

　短期間の海外出張の場合、短期滞在者免税の適用を受けることができれば、勤務地国での納税が免除。この短期滞在者免税の要件の一つは、勤務地での滞在期間が183日を超えないこととなっているが、「183日」のカウントの方法は、租税条約により異なる。

エクスパッツ（国外居住者）の一時帰国

　海外に派遣されていたエクスパッツが、日本に一時帰国し、エクスパッツが帰国して国内勤務期間があった場合、従前から国内で支給していた留守宅手当（法基通9−2−47）で国内勤務部分相当額は、国内源泉所得（P.22参照）として課税。

　国内に一時帰国した者であっても、海外出向先法人から支給される給与は、租税条約に定める「短期滞在者免税」の3要件をクリアすれば、国内での課税から除かれる。しかし、留守宅手当は支払者が国内であり、前ページ〈要件2〉を満たさず、短期滞在者免税規定が適用されず、国内勤務部分は国内源泉所得として課税。

国内勤務の期間の計算（所基通161−41）

$$給与または報酬の総額 \times \frac{国内での勤務または人的役務提供期間}{給与または報酬の計算の基礎の期間}$$

〈以下のケースで短期滞在者免税の適用を受けられるか？〉

【ケース１】

> 英国人Ａは、英国法人Ｘの東京支店に３年間勤務の予定で、令和５年10月15日来日。令和５年中は183日未満の滞在。なお、Ａの給与は英国法人Ｘが負担。

【回答】日本の居住者であるＡには短期滞在者免税は適用されない。

【ケース２】

> 米国人Ｂは、米国法人Ｙに勤務しているが、４カ月の予定で東京支店に派遣された。派遣期間中のＢの給与は東京支店から支払われ、東京支店の損金に算入される。

【回答】Ｂは短期滞在者免税の適用を受けられない。

【ケース３】暦年単位で判定する場合

> 当社では、韓国子会社の社員Ａを８カ月の予定で日本で研修を受けさせることとして、令和５年９月１日に来日。Ａの研修期間中の給与は韓国子会社から支給。

【回答】日韓租税条約では、滞在期間の判定は、暦年ベースで行い、各年の滞在日数は183日を超えておらず、短期滞在者免税の適用を受け、日本での課税は免除。

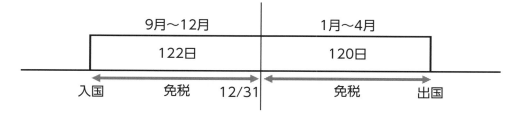

【ケース４】継続する12カ月を通じて判定する場合

> シンガポール人Ｂは、令和４年11月１日に７カ月の予定でシンガポール法人Ｓから大阪支店に転勤となり、令和５年５月30日に帰国。Ｂの給与はシンガポール法人Ｓから支払われている。この場合、Ｂは短期滞在者免税の適用を受けるか。

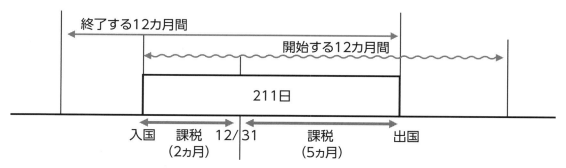

【回答】Ｂの給与については源泉徴収されず、Ｂは、自ら令和４年分および令和５年分について、20.42％の税率により確定申告しなければならない。

【ケース1の解説】

　国内に居住することとなった者が、国内において継続して1年以上居住することを通常必要とする職業に従事する場合、その者は国内に住所を有する者と推定され、居住者とされる。本件の英国人Aは、東京支店に3年間勤務する予定で入国しているので、入国の日の翌日から居住者となる。

　短期滞在者免税の対象者は、相手国の居住者（日本の非居住者）に限られている。したがって、日本の居住者であるAには短期滞在者免税は適用されない。なお、Aの給与は英国法人Xから支給されており、日本で源泉徴収を行えず、Aは居住者として日本で確定申告を行う。

【ケース2の解説】

　本件の場合、Bの日本での滞在期間は4カ月なので非居住者に該当し、14ページの〈要件1〉は満たす。しかし、給与についてはY社の東京支店が支払い、東京支店の損金に算入され、〈要件2〉および〈要件3〉を満たさない。したがって、短期滞在者免税の適用を受けられない。この結果、東京支店がBに支払う給与に対し20.42％の税率により源泉徴収。

【ケース3の解説】暦年単位で判定する場合

　日韓租税条約では、〈要件1〉の「183日」のカウントの仕方は、『報酬の受給者が当該**暦年を通じて合計183日を超えない期間**、当該他方の締約国内に滞在すること』と規定。すなわち、滞在期間の判定は、暦年ベースで行う。

　本ケースの社員Aの場合、各年の滞在日数は183日を超えておらず、短期滞在者免税の適用を受けることができ、日本での課税は免除。

　暦年単位の判定国は、韓国、カナダ、中国、フィリピン、ドイツ、ベトナム等がある。

【ケース4の解説】継続する12カ月を通じて判定する場合

　日星租税条約では、「183日」のカウントの仕方で、『報酬の受領者が**継続するいかなる12カ月の期間においても合計183日を超えない期間**当該他方の締約国内に滞在すること』と規定。

　入国日から起算した12カ月間において183日間を超えているか否か、または、出国日以前の12カ月間において183日間を超えているかで判定。

　両方の起算方法でともに183日を超えていないことが要件。

　これに従って判定すると、日本支店での勤務の日数は211日間（令和4年の61日と令和5年の150日の合計）であり183日を超え、短期滞在者免税の適用を受けられない。

　Bの給与は源泉徴収できず、Bは、自ら令和4年分および令和5年分について、20.42％の税率により確定申告。

　このように継続する12カ月での判定国は、シンガポール、アメリカ、イギリス、フランス等がある。

★ 課税所得の範囲

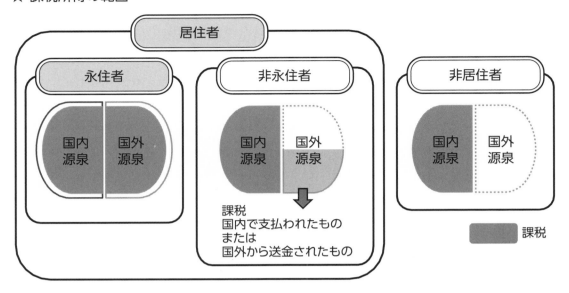

日本国籍のない者が、日本入国から 1年間住所を有しない場合

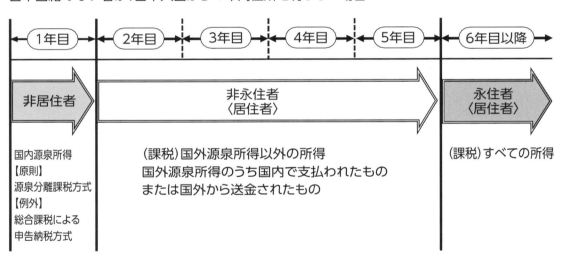

日本国籍のない者が、再来日後、日本入国から1年間住所を有せず、過去10年以内に住所または居所を有した期間が合計5年超の場合
（例）過去に3年間日本に住所または居所を有していた者が、再来日した場合

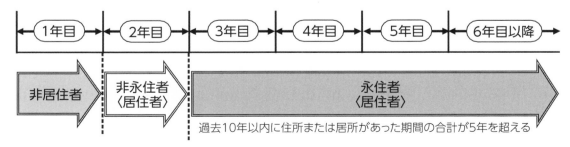

★ 課税所得の範囲

区　分		国外源泉所得以外の所得		国内源泉所得	
		国外源泉所得		国内払	国内送金
居住者	永住者	課税			
	非永住者	課税			非課税
非居住者		課税	非課税		

★ 居住者と非居住者の課税所得の範囲

区　分		課税所得の範囲
居住者	永住者	国内および国外において生じたすべての所得 →全世界所得課税
	非永住者	国外源泉所得以外の所得、および 国外源泉所得で国内において支払われ、または国外から送金されたもの
非居住者		国内源泉所得

居住者・非居住者への課税

　所得税では、個人の納税義務者を「居住者」と「非居住者」に区分。

　さらに居住者を「永住者」と「非永住者」に区分。

　居住者は、原則として国内外のすべての所得に対して所得税が課税。

　非居住者は、日本国内で生じた所得（国内源泉所得）のみ課税。

　非永住者とは、日本の国籍を有していない居住者で、過去10年以内において国内に住所または居所を有していた期間の合計が5年以下の日までをいい、その翌日以後は永住者（非永住者以外の居住者）（所基通2−3）

非永住者の国外源泉所得で国内において支払われたものとは

　為替等により直接送付され、または預金口座に直接振り込まれたもの等が、国外源泉所得の国内払いとして、非永住者の課税所得の範囲に含まれる（所基通7−4）。（P.21参照）

　非永住者が所得税確定申告書を提出する際、居住形態等に関する確認書と住所または居所を有していた期間の確認表の提出を求められる。

「居所を有していた期間」の計算

　「国内に（略）居所を有していた期間は、暦に従って計算し、1月に満たない期間は日をもって数える。また、当該期間が複数ある場合には、これらの年数、月数及び日数をそれぞれ合計し、日数は30日をもって1月とし、月数は12月をもって1年とする」（所基通2−4の3）。

非永住者の有価証券譲渡所得の課税範囲の見直し

　非永住者が国外にある有価証券を外国金融商品市場等で譲渡した場合、①または②のみが課税所得の範囲となる（所法7①、所令17）。

　① 過去10年以内の非永住者期間に取得した有価証券の譲渡によるもの

　② 国内において支払われ、または国外から送金されたもの

★非永住者の「送金課税」とは

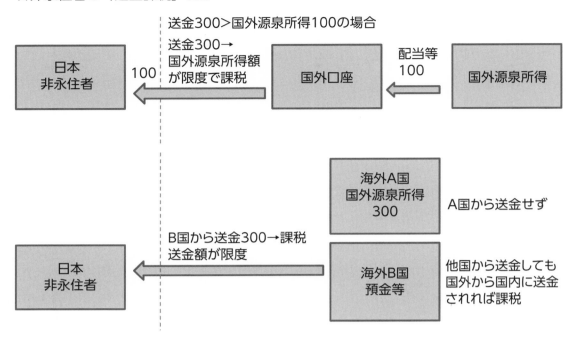

〈非永住者「送金課税」の仕組み〉

【ケース】下記の所得を有する非永住者が、260を国外から国内に送金した場合、課税される金額は？

	国内源泉所得 （非国外源泉所得）	国外源泉所得	所得合計
国内払い	500（A）	150（C）	1,000
国外払い	250（B）	100（D）	
国外⇒国内送金	260		

【回答】

　課税される額は、500（A）＋250（B）＋150（C）＋10（Dの一部）＝910

　非永住者が国外から送金を受領した場合、送金を受けた金額のすべてに課税されるのではなく、国外源泉所得の国外払い（D）を上限に課税。

　国外払いの金額が350（＝B＋D）　どの部分から送金されたと考えるかがポイント。

非永住者の「送金課税」とは

「非永住者」とは、日本の国籍を有しておらず、かつ、過去10年以内において国内に住所または居所を有していた期間の合計が5年以下である個人。いわゆる、海外の本社や親会社などから日本へ赴任しているExpatriate（略してExpats、エクスパッツ）と呼ばれる外国人社員は「非永住者」に該当。

「非永住者」の課税範囲は、

① 国外源泉所得以外の所得

② **国外源泉所得で「国内で支払われたもの」か「国内に送金されたもの」**

「送金」の範囲（所基通7－6）

イ 国内への通貨の持込み又は小切手（略）等その他の支払手段による通常の送金

ロ 貴金属、公社債券、株券その他の物を国内に携行し又は送付する行為で、通常の送金に代えて行われたと認められるもの

ハ 国内において借入れをし又は立替払を受け、国外にある自己の預金等によりその債務を弁済することとするなどの行為で、通常の送金に代えて行われたと認められるもの

海外の預金口座から引き落とされるクレジットカードを日本国内で使用した場合も「送金」に該当。「送金」には金融機関経由で行われる通常の送金以外にも、実質的に送金と同じ効果を持つ行為も含まれる。

【ケースの解説および計算方法】

① その年の国内源泉所得のうち、国外で支払われたもの（B）がある場合、**まずその国内源泉所得（B）について送金があったものとみなす。**

② ①で残りの金額（260－250＝10）がある場合、**残りの金額の範囲内で国外源泉所得について送金があったものとみなす。**

日本に送金された金額が計算対象の年分の所得とは関係のない、例えば過去の収入から積み立てた預金から送金した場合でも、課税所得計算では、その年分の所得に係る送金とされる。

左記の数値例では、260の国外払いのうち、まず国内源泉所得の国外払い250（B）の送金であるとみなし、残りの10を国外源泉所得の国外払い（D）からの送金として課税。

よって、課税される額は、500（A）＋250（B）＋150（C）＋10（Dの一部）＝910

国外源泉所得の国外払い（D：100）がなければ、送金課税はない。なお、年の途中で非永住者から永住者になれば、すべての所得（国内源泉所得＋国外源泉所得）に課税。

例えば、海外に不動産を所有し、賃貸収入がある場合、非永住者の期間中は日本での支払、または日本に送金されていなければ課税されない。しかし、年の途中で永住者になれば、その時から、国内源泉所得（日本で稼いだ所得）を含め、海外の不動産から生じた所得のすべてに課税。

2 非居住者の国内源泉所得に対する課税の仕組み

①	総合課税	自ら確定申告して納税
②	源泉分離課税	収入をもらう時に所得税が源泉徴収されて課税が完結
③	源泉徴収のうえ、総合課税	収入を得る際、源泉徴収、確定申告で所得税を精算

≪非居住者に対する課税関係の概要≫

非居住者が、日本の国内源泉所得に、どう課税されるかをまとめた表

所得の種類（所法161①）／非居住者の区分（所法164①）	恒久的施設を有する者：恒久的施設帰属所得※（所法164①一イ）	恒久的施設を有する者：その他の国内源泉所得（所法164①一ロ、②一）	恒久的施設を有しない者（所法164①二、②二）	源泉徴収方法（所法212①、213①）
（事業所得）		【課税対象外】	【課税対象外】	無
①資産の運用・保有により生ずる所得（所法161①二）※下記⑦〜⑮に該当するものを除く	【総合課税】（所法161①一）	【総合課税（一部）】	【総合課税（一部）】	無
②資産の譲渡により生ずる所得（〃三）				無
③組合契約事業利益の配分（〃四）	【源泉徴収のうえ、総合課税】（所法161①一）	【課税対象外】	【課税対象外】	20.42%
④土地等の譲渡対価（〃五）		【源泉徴収のうえ、総合課税】	【源泉徴収のうえ、総合課税】	10.21%
⑤人的役務の提供事業の対価（〃六）				20.42%
⑥不動産の賃貸料等（〃七）				20.42%
⑦利子等（〃八）		【源泉分離課税】	【源泉分離課税】	15.315%
⑧配当等（〃九）				20.42%
⑨貸付金利子（〃十）				20.42%
⑩使用料等（〃十一）				20.42%
⑪給与その他人的役務の提供に対する報酬、公的年金等、退職手当等（〃十二）				20.42%
⑫事業の広告宣伝のための賞金（〃十三）				20.42%
⑬生命保険契約に基づく年金等（〃十四）				20.42%
⑭定期積金の給付補塡金等（〃十五）				15.315%
⑮匿名組合契約等に基づく利益の分配（〃十六）				20.42%
⑯その他の国内源泉所得（〃十七）	【総合課税】（所法161①一）	【総合課税】	【総合課税】	無

国内源泉所得の種類や恒久的施設（支店・工場等）の有無で課税方法が異なる。

※恒久的施設帰属所得とは、本店から分離・独立した存在であると擬制した場合に得られる所得

日本の居住者は、日本国内・国外において稼得した所得も課税対象（全世界所得課税）。
非居住者および外国法人は、日本国内で稼得した「国内源泉所得」のみが課税対象。

「国内源泉所得」には次のようなものがある。

○ 日本の恒久的施設（PE）に帰属する所得

○ 国内にある
　・資産の運用または所有・譲渡により生ずる所得
　・土地、土地の上の権利、建物および建物の附属設備または構築物の譲渡による対価
　・不動産や不動産の上に存する権利等の貸付けにより受け取る対価
　・営業所等を通じて締結した保険契約等に基づく年金等
　・営業所等が受け入れた定期積金の給付補てん金等

○ 国内で行う
　・人的役務の提供を事業とする者の、その人的役務の提供に係る対価
　・事業の広告宣伝のための賞金品

○ 国内で業務・事業を行う者において
　・当該者への貸付金の利子で**国内業務**に係るもの
　・当該者からの工業所有権等の使用料、またはその譲渡の対価、著作権の使用料またはその譲渡の対価、機械装置等の使用料で**国内業務**に係るもの
　・当該者に対する出資につき、匿名組合契約等に基づく利益の分配
　・給与、賞与、人的役務の提供に対する報酬のうち**国内において行う勤務**、人的役務の提供に基因するもの
　・公的年金、退職手当等のうち**居住者期間に行った勤務等に基因するもの**

○ その他
　・組合契約等に基づいて恒久的施設を通じて行う事業から生ずる利益で、その組合契約に基づいて配分を受けるもののうち一定のもの
　・日本の国債、地方債、**内国法人**の発行した社債の利子、外国法人が発行する債券の利子のうち恒久的施設を通じて行う事業に係るもの、**国内の営業所に預けられた預貯金の利子等**
　・**内国法人**から受ける剰余金の配当、利益の配当、剰余金の分配等
　・その他の国内源泉所得
　　例：国内において行う業務または国内にある資産に関し受ける保険金、補償金または損害賠償金に係る所得
　　　課税方法は、国内源泉所得の種類、恒久的施設の有無、国内源泉所得が恒久的施設に帰せられるかで異なる。租税条約で国内源泉所得について異なる定めがある場合、租税条約に従う。
　　　恒久的施設帰属所得、国内にある資産の運用または保有により生ずる所得、国内にある資産の譲渡により生ずる所得、その他の国内源泉所得（前ページの表の①②⑯）以外は源泉徴収の対象。

3 非居住者が国内の不動産を売却した場合

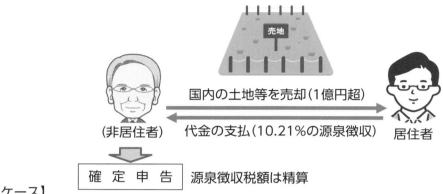

国内の土地等を売却（1億円超）

（非居住者）　代金の支払（10.21％の源泉徴収）　居住者

確定申告　源泉徴収税額は精算

【ケース】

X（非居住者）は、日本企業のシンガポール支店に勤務している。Xは日本国内に土地を所有し、この土地を日本企業のK社に2億円で売却。この場合のXの日本での課税関係は？

　非居住者が日本国内にある不動産を売却したときの所得は、22ページの表の「④土地等の譲渡対価」に当たり、国内源泉所得となるため、日本で所得税が課税。課税方法は「源泉徴収のうえ、総合課税」。

　非居住者から日本国内にある土地等を購入し、その対価を支払う者は、その対価を支払う際に10.21％の税率で所得税の源泉徴収が必要（1億円以下は不要）。

　そのうえで、Xはその国内にある不動産の譲渡から生ずる所得について所得税の確定申告。源泉徴収された税額は確定申告により精算。

不動産売買時の買主源泉徴収義務の判定

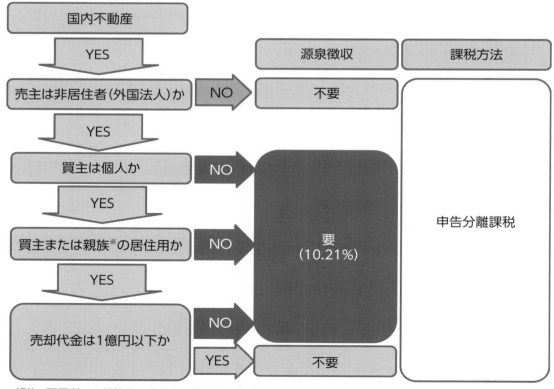

※親族：配偶者、6親等内の血族と3親等内の姻族

非居住者が不動産を売却・賃貸した場合

以下の場合には、源泉徴収
① 非居住者が日本の不動産を売却
② 非居住者が日本国内に所有する不動産を賃貸

非居住者が売主の場合における買主の源泉徴収義務

非居住者が不動産を売却し、一定の条件に該当する場合、その不動産の購入者は売買代金の支払の際、支払金額の10.21％相当額を源泉徴収して税務署に納付する義務がある。つまり、非居住者に支払われる金額は、支払金額の89.79％相当額で、残りの源泉徴収した10.21％相当額については、不動産の購入者が対価の支払をした翌月10日までに税務署に納付する。売却した非居住者は、確定申告をすることにより源泉徴収された金額が精算される。

なお、不動産の売買金額が1億円以下で、かつ、購入した個人が自己またはその親族の居住の用に供するためのものである場合、源泉徴収の必要はない。

不動産売買時の源泉徴収義務の注意事項

手付金や中間金であっても、それが不動産の譲渡対価に充てられる場合、それぞれの支払時に源泉徴収。

※1 親族とは、配偶者、6親等内の血族および3親等内の姻族をいう。
※2 売却代金が1億円を超えるかどうかの判定は、共有者ごとの持分に応じて行う。
（売買代金が1億円以下でも固定資産税等の精算金を含めると1億円を超える場合は課税対象）

非居住者等から土地等を購入する場合の源泉徴収

居住者が、非居住者や外国法人（以下「非居住者等」）から日本国内にある土地等を購入し、その譲渡対価を支払う場合、その対価を支払う際に10.21％（所得税10％、復興特別所得税0.21％）の税率で源泉徴収

源泉徴収の対象となる土地等には、以下のものが含まれる。
① 国内にある土地または土地の上に存する権利
② 建物およびその附属設備
③ 構築物

源泉徴収が不要な場合（例外規定）

次の要件のいずれも満たす場合、源泉徴収しなくてよい。

> (1) 個人が自己またはその親族の居住の用に供するために非居住者等から土地等を購入した場合
> (2) 土地等の譲渡対価が1億円以下である場合

購入者が法人の場合、この例外の取扱いは適用されない。購入代金を支払う際に源泉徴収。

◎判断に迷うケース

【ケース1】個人が「自宅兼事務所」を購入した場合

個人が自宅兼事務所を1億2,000万円で購入した場合の「1億円」の判定

〈対応〉

個人が1億2,000万円で自宅兼事務所を購入した場合、源泉徴収の対象

【ケース2】共有で取得する場合

個人AおよびBが、非居住者Xが保有する土地等を1億2,000万円で購入し共有とするケース。AおよびBは取得した土地等を居住用として利用。

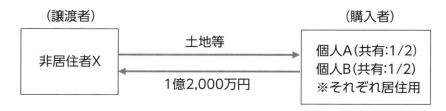

〈対応〉

Xが受け取る対価が1億円を超えているため、源泉徴収の対象

【ケース3】複数の共有者から土地等を取得する場合

個人Aが、非居住者XおよびYが共有で保有する土地等を1億2,000万円で購入。

Aは取得した土地等を居住用として利用。

〈対応〉

源泉徴収は不要

コラム

属地主義と属人主義

　日本の税法は「属地主義」を採用しているが、一部に「属人主義」が入っている。基本は、居住形態に応じて、個人の課税ルールを決めている。

　属地主義とは、その国の居住者であれば、国籍を問わず課税する。日本のほか、シンガポールやマレーシアなども属地主義を採用している。

　「属人主義」とは、どの国に居住しようが、その国の国籍を持っていれば課税する考え方。アメリカやフィリピンなどは属人主義を採用している。

【ケース1の解説】

　居住の用に供する部分の対価だけで判定を行わない。土地等を居住用と居住以外の用のため譲受けした個人から譲渡対価が支払われる場合、**居住用と居住以外の部分の対価の合計額により判定**（所基通161－18）。よって、個人が1億2,000万円で自宅兼事務所を購入した場合、譲渡対価が1億円超のため、源泉徴収の対象。

【ケース2の解説】

　土地等の譲渡取引では、複数の者が共有で土地等を取得、あるいは複数の共有者から土地等を取得する場合、譲渡対価が1億円超であるかどうかの判定は、所得税法施行令では、支払金額または譲受けの対価といった土地等の取得者側を考慮した規定ではなく、**土地等を譲渡した側の譲渡対価の額で判定**する規定ぶりとなっている。したがって、**譲渡者1人ごとで1億円超かどうかを判定**。

　このケースでは、Xが受け取る対価が1億円を超えているため、源泉徴収の対象。

【ケース3の解説】

　譲渡者である非居住者XおよびYが受け取る対価の額が、それぞれ1億円を超えているかで判定。このケースは、XおよびYが受け取る対価はそれぞれ6,000万円であり、1億円を超えていないため、源泉徴収は不要。

〈参考：不動産にかかる税金早見表〉

	原因（対象）	税率	特例	申告・納付
印紙税	売買・請負・金消契約書	500万円超1,000万円以下→1万円 1,000万円超5,000万円以下→2万円	売買・請負契約書には軽減特例（適用期限：2024年3月31日）	印紙の貼付、消印による納付（電子契約は印紙不要）
登録免許税	不動産登記	所有権保存0.4%→新築住宅0.15% 売買による所有権移転2%（土地は1.5%）→中古住宅0.3% 抵当権設定0.4%→新築住宅0.1%、中古住宅0.1%		銀行納付または印紙税納付
不動産取得税	不動産の取得（購入・建築等）	4%	（土地）3% （建物）住宅用3% 非住宅用4%	取得後60日以内に申告（東京都は30日以内）
固定資産税	不動産の所有	1.4%（標準税率）	新築住宅の軽減 住宅用地の軽減	納付時期は各市町村に確認
都市計画税	不動産の所有	0.3%（制限税率）	住宅用地の軽減	固定資産税と一括納付
所得税（住民税）	不動産の売却	分離課税	居住用の特別控除と買い換え特例	確定申告（非居住者に住民税はない）

4 非居住者が国内の不動産を賃貸する場合

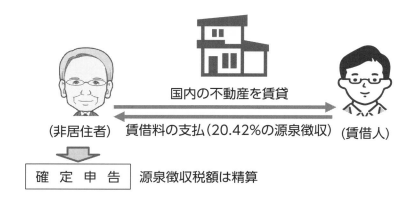

国内の不動産を賃貸

（非居住者） 賃借料の支払（20.42％の源泉徴収）（賃借人）

確定申告 源泉徴収税額は精算

【ケース】

Y（非居住者）は、マニラ支店に赴任しているが、海外赴任期間中は日本の自宅を賃貸している。Yの海外勤務中の日本での確定申告および課税関係は？

非居住者が日本国内にある不動産を貸し付けた場合の所得は、国内源泉所得となり、日本で所得税が課税。課税方法「源泉徴収のうえ、総合課税」

（22ページの非居住者に対する課税関係の概要の表の「⑥不動産の賃貸料等」参照）

賃借人の源泉徴収義務

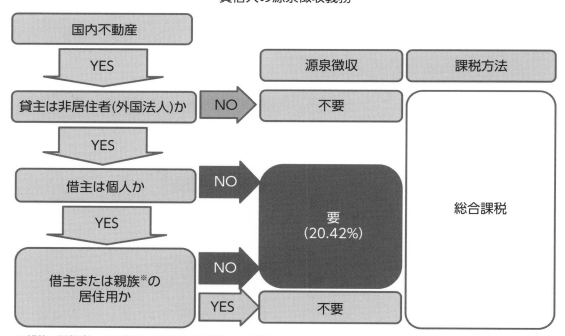

※親族：配偶者、6親等内の血族と3親等内の姻族

非居住者等に不動産の賃借料を支払う場合の源泉徴収

　非居住者や外国法人（以下「非居住者等」という）から日本国内にある不動産を賃借して賃借料を支払う場合、源泉徴収（20.42％）

源泉徴収の対象となる「不動産の賃貸料」の範囲

① 　国内にある不動産、国内にある不動産の上に存する権利の貸付けによる対価
② 　採石法の規定による採石権の貸付けによる対価
③ 　鉱業法の規定による租鉱権の設定による対価
④ 　居住者もしくは内国法人に対する船舶もしくは航空機の貸付けによる対価

源泉徴収が不要な場合〈例外規定〉

　上記の不動産の賃貸料のうち、土地、家屋等を自己またはその親族の居住の用に供するために非居住者等から借り受けた個人が支払うものは源泉徴収不要。
　法人が支払うものは、使用目的に関係なく、源泉徴収が必要。

【ケースの解説】
　賃借料を支払う者は、賃借する不動産が非居住者の所有で、上記により源泉徴収の必要がある場合、賃借料を支払う際に、20.42％の税率で、源泉徴収し、翌月10日までに、税務署に納付。つまり、貸主に79.58％支払、税務署に20.42％納付。
　Y（非居住者・外国法人）は、その国内にある不動産の賃貸借から生ずる所得に所得（法人）税の確定申告を行う。源泉徴収された税額は確定申告により精算。
　海外赴任に伴い、これまで居住していた自宅を賃貸に出す場合、年間の賃貸料収入から必要経費の金額を差引いて不動産所得を計算。必要経費を差引いた結果、損失となる場合、申告書の提出義務はない。しかし、源泉徴収税率は20.42％であり、かつ賃料全体が源泉徴収の対象となり、確定申告書の提出義務がない場合でも、確定申告書（還付申告書）の提出により還付金を受けることができる場合が多い。

「源泉徴収の免除証明書」の提示があった場合

　不動産の賃借料については源泉徴収の免除制度の適用がある。非居住者等から「源泉徴収の免除証明書」（P.72参照）の提示があった場合、源泉徴収の必要はない。

5 非居住者が内国法人の株式を譲渡した場合

| 非居住者 | 株式を売却 | 原則：日本での課税なし |

⬇

| ・事業譲渡類似株式
・不動産化体株式 | 例外：「事業譲渡類似株式」の譲渡
「不動産化体株式」の譲渡等
※租税条約による修正あり |

■例外的に課税される場合

次の①～⑥に該当する場合、非居住者が株式等を譲渡した場合に課税

①	買集めによる株式等の譲渡 　同一銘柄の内国法人の株式等の買集め、その所有者である地位を利用して、当該株式等をその内国法人もしくはその特殊関係者に対し、またはそのあっせんにより譲渡をすることによる所得	申告分離課税「上場株式等」と「一般株式等」に区分、他の所得金額と区分し税金計算
②	事業譲渡類似の株式等の譲渡 　内国法人の特殊関係株主等である非居住者が行うその内国法人の株式等の譲渡による所得	
③	不動産化体株式の譲渡による所得	
④	税制適格ストックオプションの権利行使により取得した特定株式等の譲渡による所得	
⑤	日本に滞在する間に行う内国法人の株式等の譲渡による所得	
⑥	日本国内にあるゴルフ場の株式形態のゴルフ会員権の譲渡による所得	総合課税

【ケース1】非居住者の株式譲渡

> 　A（日本人）は、日本に居住し日本法人に勤務していたが、昨年4月から3年間の予定でシンガポール支店に出向、現在はシンガポールに居住。
>
> 　Aは日本に居住しているときに購入したX社（日本法人）の株式を売却。
>
> 　X社株式の売却によって売却益が生じた場合、日本で課税されるか。

【回答】 以下に該当する株式の譲渡の場合、株式譲渡所得は、日本では課税

① 不動産化体株式

② 事業譲渡類似株式

不動産化体株式

その有する資産の価額総額のうちに日本の不動産（または他の不動産関連法人株式等）の占める割合が50％以上である法人。なお、「株式等の譲渡日前365日以内のいずれかの時」にこの要件に該当する法人（法令178⑧）

〈譲渡される株式の要件〉

・譲渡者である外国法人を含む特殊関係株主等が、譲渡事業年度の直前事業年度の末日でその不動産関連法人株式等の発行済株式等の2％超（上場の場合5％超）を有し、かつ、その株式等の譲渡者がその特殊関係株主等であること（法令178⑨）

【ケース1の解説】

(1) 不動産化体株式

ケース1のAは、給与所得者が1年以上の予定で海外の支店などに転勤した場合、一般的には日本国内に住所を有しない者と推定され、所得税法上の非居住者となる。

非居住者が、内国法人の株式を売却したことによる所得は、原則、日本で課税されない。ただし、「事業譲渡類似株式」の譲渡や「不動産化体株式」の譲渡など一定の場合を除く。

■租税条約の検討

上記に該当しても、租税条約により日本で課税されないことがある。

A（シンガポール居住者）は、日本とシンガポールの租税条約（日星租税条約）を検討。

以下に該当する株式の譲渡の場合を除いて、株式譲渡所得は、日本では課税されない。

① 不動産化体株式　その法人の主要な財産が不動産である場合

② 事業譲渡類似株式　株式の譲渡者が保有する株式（特殊関係者が保有する場合を含む）の数が、当該法人の株式総数の25％以上で、かつ、譲渡者および特殊関係者が譲渡した株式総数が当該法人の株式総数の5％以上である場合

(2) 事業譲渡類似株式

所有株式数の要件

イ　譲渡年以前3年以内のいずれかの時において、その内国法人の特殊関係株主等がその内国法人の発行済株式または出資の総数または総額の25％以上に相当する数または金額の株式または出資を所有していたこと

譲渡株式数の要件

ロ　譲渡年において、その非居住者を含むその内国法人の特殊関係株主等（※）が最初にその内国法人の株式または出資の譲渡をする直前のその内国法人の発行済株式または出資の総数または総額の5％以上に相当する数または金額の株式または出資の譲渡をしたこと

※特殊関係株主等：不動産関連法人の株主ならびに同株主の親族および支配会社等

租税条約の確認は必須

事業譲渡類似株式の譲渡は、租税条約で何も規定が置かれていないものもある。その場合、事業譲渡類似株式の譲渡益は日本で課税されない。このように、国内法の規定と異なる結果になるケースもあり、租税条約の規定ぶりには注意が必要。

〈「事業譲渡類似株式」を譲渡した場合〉

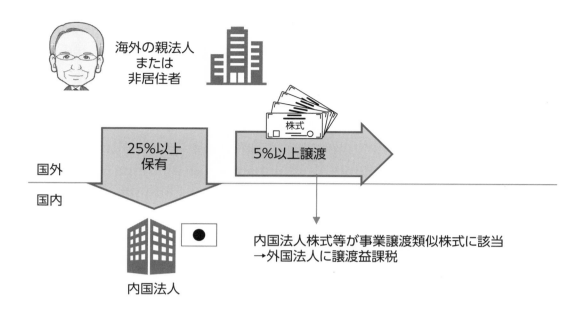

海外の親法人
または
非居住者

25%以上
保有

5%以上譲渡

株式

国外
国内

内国法人

内国法人株式等が事業譲渡類似株式に該当
→外国法人に譲渡益課税

事業譲渡類似株式の譲渡とは、「グループで25%以上の株式等を保有している株主が5%以上を譲渡した場合の株式の譲渡」 実質的に事業を譲渡

【ケース2】「事業譲渡類似株式」を譲渡した場合

B（日本人）は、3年前にシンガポールに移住し、現在はシンガポール居住者。

Bは、移住前から日本で父親が経営する会社（同族会社に該当）の株式を20%保有していたが、この株式をすべて弟に譲渡。

株式の保有割合は以下のとおりで、この保有割合は10年前から変わっていない。

株価は相当値上がりしているため、譲渡によって譲渡益が発生。

この譲渡益は日本で課税されるか。

株主	続柄	持株割合
A	父	50%
B	**兄**	**20%**
C	弟	20%
D	母	10%

【回答】Bは、「事業譲渡類似株式」の譲渡に該当し、譲渡益は日本で課税

【ケース2の解説】「事業譲渡類似株式」を譲渡した場合

　非居住者が、内国法人の株式を売却したことによる所得は、原則、日本では課税されない（その非居住者の居住地国で課税）。

　ただし、「事業譲渡類似株式」の譲渡などの場合、例外的に日本で課税。

■本ケースの場合　株式の保有と譲渡の状況

　・Bの親族等で100％の株式を保有→「25％以上を保有」の要件を満たす。

　・Bは20％の株式を譲渡　　　　　→「5％以上を譲渡」の要件を満たす。

　⇒事業譲渡類似株式の譲渡に該当、譲渡所得は日本で課税

■日星租税条約の検討

　国内法で事業譲渡類似株式に該当しても、租税条約で課税を認めていない場合がある。

　日星租税条約13条（譲渡所得）では、法人の株式の譲渡について以下のように規定し、「事業譲渡類似株式」について日本で課税。

　日星租税条約によると、シンガポール居住者であるオーナーが、日本法人の株式を年間通じて25％以上保有し、その株式を発行総数の5％以上譲渡した場合、譲渡益は日本で課税。

※日星租税条約　13条4項(b)

　一方の締約国（シンガポール）の居住者が他方の締約国（日本）の居住者である法人の株式の譲渡によって取得する収益に対し、次のことを条件として、当該他方の締約国（日本）において課税

① 　当該譲渡者が保有しまたは所有する株式の数が、当該課税年度中または当該賦課年度に関わる基準期間中のいかなる時点においても当該法人の株式の総数の**少なくとも25％**

② 　当該譲渡者およびその特殊関係者が当該課税年度中または当該賦課年度に係る基準期間中に譲渡した株式の総数が、当該法人の株式の総数の**少なくとも5％**

6 非居住者に退職金を支払う場合

日本支店を退職、出国後に退職金を受領

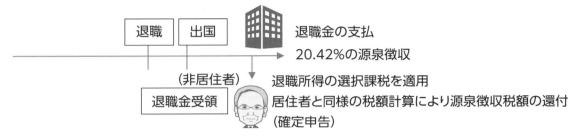

退職金の支払
20.42%の源泉徴収

（非居住者）

退職所得の選択課税を適用
居住者と同様の税額計算により源泉徴収税額の還付
（確定申告）

退職金受領

〈非居住者に支払う退職金〉

　非居住者である海外勤務中の社員に退職金を支払う場合、退職金のうち、**国内勤務期間に対応する金額を国内源泉所得として、退職金を支払う際に20.42%の税率で源泉徴収**

　国内源泉所得の金額は、以下の算式で計算（所基通161－41）。

$$国内源泉所得の額＝退職金の総額 \times \frac{国内で行った勤務の期間}{退職金の総額の計算の基礎となった期間}$$

例：通算の勤務期間が40年で、そのうち日本での勤務期間が25年であれば、退職金の総額に25/40を乗じた金額が国内源泉所得となる。

　海外勤務の社員が日本に帰国し、**居住者となった後に退職して退職金を支払う場合、その支給総額から勤務期間に応じた退職所得控除額を差し引いた後の金額の2分の1の金額に、累進税率を適用して源泉徴収。**

　収入金額が退職所得控除額以下の場合、退職所得の課税は生じない。

【ケース】非居住者が「脱退一時金」を受け取った場合

　X（米国人）は、日本の子会社に3年間勤務した後、昨年帰国した。日本での勤務期間中は、日本の厚生年金に加入し保険料を支払っていた。帰国後に脱退一時金の申請を行い、脱退一時金を受け取ったが、20.42％の源泉所得税が差し引かれていた。この源泉所得税の還付を受けることは可能か。

【回答】

　厚生年金の脱退一時金は、厚生年金法の規定に基づく一時金であり、退職手当等とみなす一時金に該当。

　非居住者が受け取る退職手当に当たり「退職所得の選択課税」適用により、源泉徴収された税金の還付を受けることができる。

「退職所得の選択課税」とは

　退職金を受け取る者が居住者か非居住者かで、日本での所得税の負担額が異なる。

　一般的に非居住者に退職金を支払う場合、国内勤務期間が長いほど、居住者の場合と比べ、所得税の負担額（20.42%）は多額。非居住者と居住者の間で、不合理が生じないように、非居住者が受け取る退職金に、居住者と同様の税額計算が認められる。

　適用のためには、退職金の支払を受けた翌年1月1日（または退職金の総額が確定した日）以後に、税務署に所得税の確定申告書（還付申告書）を提出することにより、源泉徴収された税額と選択課税を適用した税額との差額の還付が受け取れる。この制度は、納税者の選択による。

　非居住者として源泉徴収された税額より少ないとき、差額の還付を受けるため利用。

　退職所得の発生日は、退職金の支払日ではなく、「退職日」。

　退職日に非居住者であるときは、退職金の支給を日本の居住者になった後に行ったとしても、非居住者の退職金として課税。

「退職所得の選択課税」を利用する場合の留意点

　「退職所得の選択課税」を利用する場合、以下の点に留意が必要

(1)　扶養控除、配偶者控除、基礎控除等の所得控除の適用はない。

(2)　「退職所得の選択課税」の対象は、国内勤務期間に対応する退職金だけではなく、国外勤務期間に対応する退職金も含めた退職金の総額。

(3)　海外勤務中の社員が、日本において確定申告をする時は、一般的に、納税管理人を選任し、その納税管理人を通じて申告。第三表を使用して分離課税を選択して申告。

【ケースの解説】「脱退一時金」とは

　外国人が働いている事業所が健康保険および厚生年金保険等の適用事業所であれば、外国人であっても健康保険および厚生年金保険等に加入することが必要。しかし、加入期間が短い場合、厚生年金の保険料を支払っても年金の給付を受けられない。そのため、保険料の掛け捨てを防ぐため、外国人（厚生年金の被保険者期間が6カ月以上ある者に限る）が帰国後2年以内に日本年金機構への請求により、「脱退一時金」の支給を受けられる。

　この非居住者が受け取る厚生年金の脱退一時金は、支払を受ける者が居住者であった期間に行った勤務に基因するものであり、国内源泉所得で支給時に20.42%の源泉徴収。

「脱退一時金」は退職所得に該当

　以下に掲げる一時金を退職手当等とみなすと規定（所法31）。

　「国民年金法、厚生年金保険法、国家公務員共済組合法、地方公務員等共済組合法、私立学校教職員共済法および独立行政法人農業者年金基金法の規定に基づく一時金その他これらの法律の規定による社会保険または共済に関する制度に類する制度に基づく一時金（これに類する給付を含む）で政令で定めるもの」

7 国外に居住する親族に係る扶養控除等

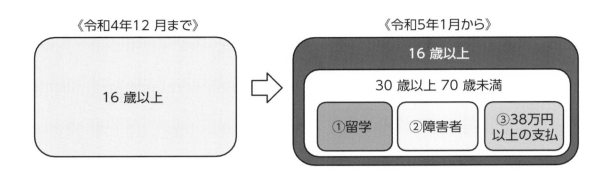

扶養控除に係る確認書類

給与等の受給者				公的年金等の受給者
非居住者である親族の年齢等の区分		扶養控除等申告書等提出時	年末調整時	扶養親族等申告書の書類
16歳以上30歳未満または70歳以上		親族関係書類	送金関係書類	親族関係書類
30歳以上70歳未満	① 留学により国内に住所および居所を有しなくなった者	親族関係書類および留学ビザ等書類	送金関係書類	親族関係書類および留学ビザ等書類
	② 障害者	親族関係書類	送金関係書類	親族関係書類
	③ 居住者から生活費または教育費の支払を38万円以上受けている者	親族関係書類	38万円送金書類	親族関係書類
	上記①～③以外の者	扶養控除の対象外		

居住者は、国外居住親族について扶養控除、配偶者控除、障害者控除または配偶者特別控除の適用を受けるため、給与等または公的年金等の支払者に一定の確認書類の提出または提示。

　扶養控除の対象となる国外居住親族は、扶養親族（居住者の親族のうち、合計所得金額が48万円以下）のうち、次の（1）〜（3）のいずれかの者。さらに、その国外居住親族について、扶養控除の適用を受ける居住者は、給与等または公的年金等の支払者に一定の確認書類（親族関係書類・留学ビザ等書類・送金関係書類・38万円送金書類）の提出または提示。

（1）　年齢16歳以上30歳未満の者
（2）　年齢70歳以上の者
（3）　年齢30歳以上70歳未満の者のうち、次の①〜③のいずれかの該当者
　　① 留学により国内に住所および居所を有しなくなった者
　　② 障害者
　　③ その居住者からその年において生活費または教育費に充てるための支払を38万円以上受けている者

親族関係書類

次の①または②のいずれかで、国外居住親族が居住者の親族を証する書類
① 戸籍の附票の写しその他の国等が発行した書類および国外居住親族の旅券の写し
② 外国政府等の発行書類（国外居住親族の氏名、生年月日および住所または居所を記載）
　　例：出生証明書、婚姻証明書等

留学ビザ等書類

　外国政府等が発行した国外居住親族に係る次の①または②の書類で、その国外居住親族が外国における留学の在留資格に相当する資格により外国在留により国内に住所および居所を有しなくなった旨を証するもの
① 外国における査証（ビザ）に類する書類の写し
② 外国における在留カードに相当する書類の写し

送金関係書類

　居住者が国外居住親族の生活費または教育費に充てるための支払を各人に行ったことを明らかにするもの
① 金融機関の書類またはその写しで、その金融機関が行う為替取引により居住者から国外居住親族に支払をしたことを明らかにする書類
② クレジットカード発行会社の書類またはその写しで、国外居住親族がそのクレジットカード発行会社が交付したカードを提示等してその国外居住親族が商品等を購入したこと等により、その商品等の購入等の代金に相当する額の金銭をその居住者から受領し、または受領することとなることを明らかにする書類

38万円送金書類

　「送金関係書類」のうち、居住者から国外居住親族である各人へのその年における支払の金額の合計額が38万円以上であることを明らかにする書類

8 納税管理人の選任と役割

日本企業に勤めている社員が海外勤務となった場合、国内不動産の賃貸収入などがあれば、納税管理人を選任して確定申告書を提出しなければならない。

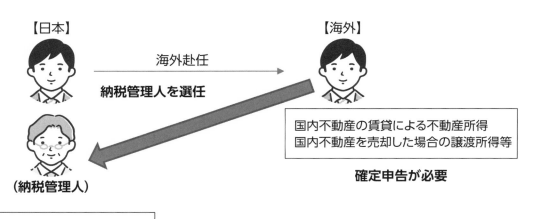

〈納税管理人を選任するか否かで取扱いが異なるケース〉

納税管理人を選任するか否かで、確定申告書の提出期限や、配偶者控除や扶養控除の判定時期が異なる。

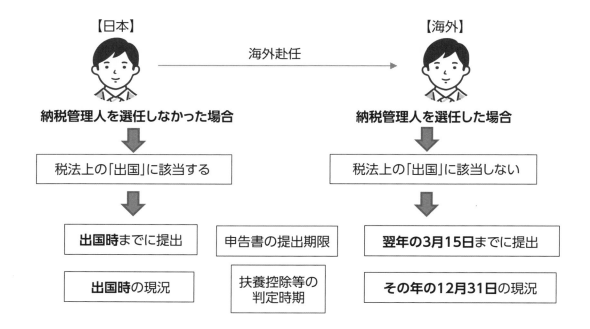

納税管理人とは、日本国内に住所等を有しない納税者によって選任、納税申告書の提出や更正通知書、督促状の受領など、納税者がなすべき事務の処理に当たる者。

納税管理人は、納税者の委任による代理人としての性格を有す。ただし、納税者が税金を滞納した場合、その租税債務者はあくまで納税者本人なので、納税管理人が滞納処分の対象となることはない。つまり、納税管理人に連帯納付義務はなく、納税管理人の財産が差し押さえられることはない。

納税管理人

事務範囲	①納税申告書、申請書等の作成・提出 ②税務署長等が発する書類の受領 ③国税の納付および還付金等の受領
選任・解任手続	納税管理人を定めたときは、その非居住者の納税地を所轄する税務署に「納税管理人の届出書」を提出。非居住者が帰国して居住者となった場合や、非居住者が国内源泉所得を有しなくなり所得税の申告義務を負わなくなった場合等、納税管理人が必要なくなった場合、納税管理人を解任。「納税管理人の解任届出書」を提出
納税管理人になれる者	日本国内に住所または居所を有する者とされており、納税管理人に特別な資格は不要。また、法人も納税管理人になれる。 （例） ・出国した者の親族・出国した者が勤務している内国法人 ・出国した者の顧問税理士または税理士法人

(1) 確定申告書の提出期限の違い

確定申告書を提出する義務のある者（例:不動産所得のある者）が、年の途中で出国する場合、その出国時までに確定申告（「準確定申告」）。

所得税法では、「出国」とは『居住者が納税管理人の届出をしないで日本国内に住所および居所を有しなくなること』とされている。したがって、納税管理人を選任したときは、所得税法上の「出国」に当たらず、通常の確定申告期限（翌年3月15日）までに申告すればよい。

(2) 配偶者控除や扶養控除の判定時期の違い

親族等が控除対象配偶者または扶養親族に該当するか否かの判定時期は、居住者の場合、原則として、その年の12月31日の現況とされ、その者がその年の途中において死亡または「出国」する場合、その死亡または出国の時の現況による。

「出国」とは、『居住者が<u>納税管理人の届出をしないで</u>日本国内に住所および居所を有しなくなること』から、居住者が年の途中で海外勤務により非居住者となった場合、親族等が控除対象配偶者や扶養親族に該当するかの判定時期は、納税管理人の届出を提出しているか否かで以下のとおり異なる。

イ　納税管理人の届出をして離日した場合　→　その年の12月31日

ロ　納税管理人の届出をしないで離日した場合　→　出国時

〈申告書の提出先の判定〉

(1) 事務所等の所在地
国内において行う事業に係る事務所等を有する場合、その事務所等の所在地

(2) 納税地とされていた住所または居所
その納税地とされていた住所または居所にその者の親族等が引き続き、またはその者に代わって居住している場合、その**納税地とされていた住所または居所**

(3) 貸付けの対価に係る資産の所在地
国内にある不動産の貸付け等の対価を受ける場合、その**貸付けの対価に係る資産の所在地**（その資産が2つ以上ある場合、主たる資産の所在地）

(4) 直前の納税地
(1)〜(3)により納税地を定められていた者が、そのいずれにも該当しないこととなった場合、その該当しないこととなった時の**直前において納税地であった場所**

(5) 納税者が選択した場所
(1)〜(4)以外で、その者が国に対し所得税の申告および請求等の行為を行う場合には、その者が**選択した場所**

(6) 麹町税務署の管轄区域内の場所
(1)〜(5)のいずれにも該当しない場合、**麹町税務署の管轄区域内の場所**が納税地

【参考】納税管理人制度の拡充（特定納税管理人）

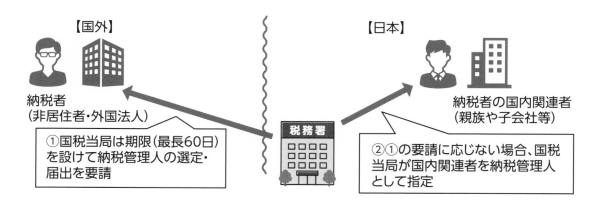

申告書の提出先

　所得税の確定申告書の提出先は、確定申告書を提出する際の納税地の所轄税務署長。

　納税地は原則として住所地となるが、非居住者は通常、日本国内に住所または居所を有しておらず、非居住者の納税地は、前ページの順番で納税地の判定、当該納税地を所轄する税務署長に所得税の確定申告書を提出。納税管理人の住所地ではない。

納税管理人制度の拡充（特定納税管理人）（令和4年1月1日から施行）

　令和3年度税制改正により、従来の「納税管理人」制度に加え、新たに「特定納税管理人」制度が創設。納税者から自発的に納税管理人の届出がない場合、税務当局が納税者に対して納税管理人の指定および届出を要請しても届出がないなど、一定の要件を満たすとき、納税地を所轄する税務署長等が国内に住所または居所を有する一定の者を納税管理人（特定納税管理人）に指定することが可能とされた。

9 海外勤務者の確定申告

(1) 出国年の確定申告

海外勤務者が確定申告しなければならない場合の確定申告の手続き

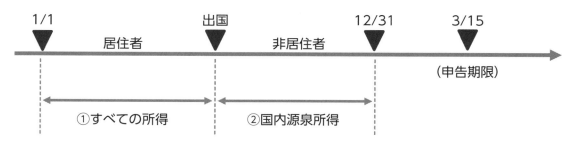

> 1 出国時までに納税管理人の届出をした場合
>   ⇒ ① + ② について、翌年の3月15日までに確定申告
> 2 出国時までに納税管理人の届出をしなかった場合
>   イ 出国時まで ⇒① について準確定申告
>   ロ 翌年3月15日まで ⇒ ① + ② について確定申告
>   （①に係る納付税額は精算）

(2) 帰国後の確定申告

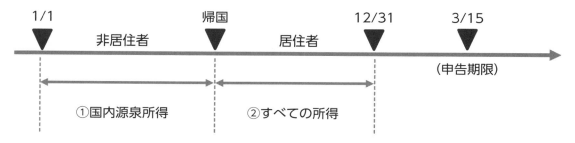

【ケース】

> 3年間の海外勤務後、本年9月に帰国。海外勤務中は、国内の自宅を賃貸し、本年9月まで不動産所得があった場合の確定申告は？

【回答】帰国後の確定申告では、帰国前の国内源泉所得（源泉分離課税を除く）および帰国後のすべての所得を合計して計算。非居住者の場合、国内源泉所得（①）（例えば、国内不動産の賃貸収入）のみが課税対象、海外勤務に基づき支給される給与は原則として課税されない。

しかし、帰国後は居住者となり、すべての所得（②）が課税対象。また、帰国後の勤務に対する給与は、年末調整の対象。

(1) 出国年の確定申告

・海外勤務者が確定申告しなければならない場合

海外勤務者の出国年の日本勤務期間中に国内で支払われた給与は、出国時に行う年末調整で税額の精算が行われる。給与等以外に申告すべき所得がない場合、通常、海外勤務者自身が確定申告する必要はない。

ただし、海外勤務者が、1年以上の予定で日本を離れ非居住者となった後、不動産賃貸所得、譲渡所得等「国内源泉所得」がある場合、日本で確定申告を行う。

給与所得だけでなく不動産の賃貸収入等があり確定申告の義務がある者は、原則、出国時までに確定申告（「準確定申告」）を行い、所得税を納める。

ただし、出国時までに納税管理人の届出をした場合、出国の時までのすべての所得および出国後の国内源泉所得について、翌年の3月15日までに納税管理人を通じて確定申告書を提出すればよい。

・住民税の取扱い

住民税は、「前年度の所得」に対し課税される税金で、その年の1月1日（賦課期日）において、日本国内に住所を有する個人に対して課されるのが原則。この住所は、「各人の生活の本拠」とされ、実務上、住民基本台帳登録地の市町村とされる。

生活の中心地とされる住所地が住民登録地と異なる場合は、その旨を申告し、申告書に記入された1月1日現在の住所で課税される。

(2) 帰国後の確定申告

海外勤務者が、長期にわたる海外勤務を終えて帰国した場合、帰国後は居住者となり、国内源泉所得に限らず、すべての所得が課税対象。帰国前に日本国内の不動産の賃貸料収入などがある場合、帰国後の確定申告が必要。

⑶ 所得控除および税額控除の注意点

非居住者の所得控除は、雑損控除、寄附金控除、基礎控除の3つとなる。

控除の種類		非居住者	中途で変更
所得控除	雑損控除	●	●
	医療費控除	×	△
	社会保険料控除	×	△
	小規模企業共済等掛金控除	×	△
	生命（地震）保険料控除	×	△
	寄附金控除	○	○
	障害者控除	×	▲
	寡婦控除	×	▲
	ひとり親控除	×	▲
	勤労学生控除	×	▲
	配偶者（特別）控除	×	▲
	扶養控除	×	▲
	基礎控除	○	○
税額控除	配当控除	×	○
	住宅借入金等特別控除	×	■
	政党等寄附金特別控除	○	○
	外国税額控除	×	□

○…適用あり

●…非居住者である期間については、日本国内に有する資産についてのみ適用あり

△…居住者であった期間の支払分についてのみ適用あり

▲…次の時期の現況で扶養親族等と判定される場合は適用あり

非居住者→居住者		その年の12月31日の現況
居住者→非居住者	納税管理人を定めている場合	その年の12月31日の現況
	納税管理人を定めていない場合	出国時の現況

□…非居住者であった期間に生じた所得はないものとみなす

■…非居住者となった時点でその年分以降について適用なし（例外あり）

×…適用なし

所得控除の種類

雑損控除、医療費控除、社会保険料控除、小規模企業共済等掛金控除、生命保険料控除、地震保険料控除、寄附金控除、障害者控除、寡婦控除、ひとり親控除、勤労学生控除、配偶者控除、配偶者特別控除、扶養控除、基礎控除

① 非居住者期間中に支払った社会保険料

海外勤務者が非居住者であった期間中において、現地国の社会保険料を支払う場合がある。非居住者であった期間に支払った社会保険料は控除の対象とならない。

したがって、社会保険料控除の対象となる社会保険料は、日本に入国した日以降に支払った社会保険料に限られる。

② 非居住者期間中に支払った生命保険料

生命保険料も、所得税法76条に同様の規定があり、居住者であった期間内に支払った生命保険料のみが生命保険料控除の対象となり、非居住者であった期間に支払った生命保険料は控除の対象とならない。

③ 非居住者期間中に支払った医療費

医療費控除の対象は、居住者である期間中に支払った医療費に限られる。

④ 扶養控除等

確定申告を行う際には、配偶者控除、扶養控除、障害者控除、寡婦控除、ひとり親控除、勤労学生控除の適用の有無および控除の金額を確認しなければならない。これらの判定は、その年の12月31日の現況により判定。

10 居住者に係る外国税額控除

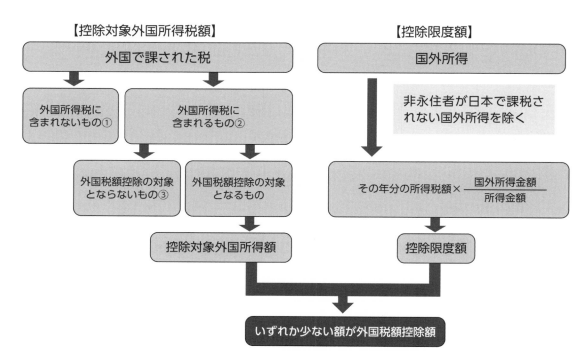

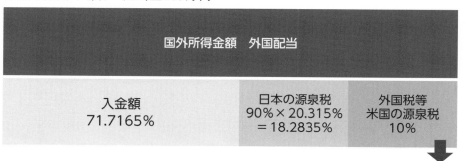

米国の配当の場合　配当金100万円

配当金100万円から外国税10％（100万×10％＝10万円）⇒この二重課税を取り戻す

90万円－（90万円×国内税20.315％＝182,835円）＝717,165円

所得税の控除限度額算式＝その年分の所得税額× $\dfrac{その年分の調整国外所得金額}{その年分の所得総額}$

その年分の所得税額：配当控除や住宅借入金等特別控除等の税額控除等を適用後

その年分の所得総額：

　　繰越控除等の適用前の総所得、分離長（短）期譲渡、一般・上場株式等に係る譲渡、申告分離の上場株式等の配当等、先物取引に係る雑所得等、退職所得および山林所得の合計額

その年分の調整国外所得金額：

　　純損失の控除や上場株式等に係る譲渡損失の繰越控除などの各種繰越控除の適用前のその年分の国外所得金額。ただし、国外所得金額は、その年分の所得総額を限度。

居住者に係る外国税額控除の概要

　居住者が、その年において外国所得税を納付する場合、控除限度額を限度として、その外国所得税額をその年分の所得税額や住民税額等から差し引ける。

居住者に係る外国税額控除の対象となる外国所得税の範囲

■外国所得税に含まれないもの（左図の①）

1. 納税後、任意にその金額の全部または一部の還付を請求できる税

2. 納税が猶予される期間を任意に定められる税

3. 複数税率から納税者と外国もしくはその地方公共団体またはこれらの者により税率を合意する権限を付与された者との合意により税率が決定された税のうち一定の部分

4. 外国所得税に附帯して課される附帯税に相当する税その他これに類する税

■外国所得税に含まれるもの（左図の②）

⇒外国の法令に基づき外国またはその地方公共団体により、個人の所得を課税標準として課される税等で以下のものを含む

1. 超過所得税その他個人の所得の特定の部分を課税標準として課される税

2. 個人の所得またはその特定の部分を課税標準として課される税の附加税

3. 所得を課税標準として課される税と同一の税目に属する税で、個人の特定の所得につき、徴税上の便宜のため、所得に代えて収入金額その他これに準ずるものを課税標準として課されるもの　⇒利子・配当等に係る源泉所得税など

4. 個人の特定の所得につき、所得を課税標準とする税に代え、個人の収入金額その他これに準ずるものを課税標準として課される税

■外国税額控除の対象とならない外国所得税額（左図の③）

外国所得税であっても、次の税額は、居住者に係る外国税額控除の対象にはならない。

1. 通常行われる取引と認められない取引に基因して生じた所得に対して課される外国所得税額

2. 租税条約の規定（外国所得税の軽減または免除に関する規定に限る）によりその相手国等において課することができることとされる額を超える部分に相当する額または免除される額の相当額

3. 外国居住者等の所得に対する相互主義による所得税等の非課税等に関する法律の規定により、外国居住者等の対象国内源泉所得に対して所得税を軽減し、または課さないこととされる条件と同等の条件により軽減される部分の相当額または免除することとされる相当額

国外所得金額

　国外所得金額は、各種繰越控除の規定を適用前の金額が、所得税の控除限度額の計算の基礎となる。なお、租税条約の適用を受ける居住者については、その租税条約において国外源泉所得に関して異なる定めがある場合、その定めによる。国外事業所等帰属所得も含まれる。

　国外事業者等帰属所得の場合、共通費用の配分、内部取引の計算等の証明書類が必要。

★外国税額控除の適用を受ける時期

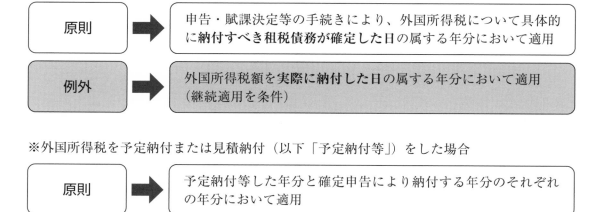

| 原則 | ➡ | 申告・賦課決定等の手続きにより、外国所得税について具体的に**納付すべき租税債務が確定した日**の属する年分において適用 |
| 例外 | ➡ | 外国所得税額を**実際に納付した日**の属する年分において適用（継続適用を条件） |

※外国所得税を予定納付または見積納付（以下「予定納付等」）をした場合

| 原則 | ➡ | 予定納付等した年分と確定申告により納付する年分のそれぞれの年分において適用 |
| 例外 | ➡ | 予定納付等に係る年分の外国所得税について確定申告または賦課決定等のあった日の属する年分において適用（継続適用を条件） |

手続き

確定申告書等に以下の書類を添付

(1) 「外国税額控除に関する明細書（居住者用）」
(2) 外国所得税額を課されたことを証する書類等
(3) 外国税の名称および金額、その税の納付日または納付予定日等を記載した書類
(4) 国外源泉所得の金額の計算に関する明細を記載した書類

居住者に係る外国税額控除の繰越控除

国外所得の発生年と外国所得税の納付年との年分の違いを調整するため、控除対象外国所得税額と所得税および復興特別所得税の控除限度額と地方税控除限度額（その年の所得税の控除限度額の30%）の差額のうち一定額を翌年以降3年間繰り越せる。

控除しきれなかった繰越控除限度額や繰越外国所得税額がある場合、その年分の申告書等にこれらの控除を受ける金額を記載

外国税額控除に異動が生じた場合

■外国所得税額が減額された場合

外国税額控除の適用を受けた年の翌年以後7年内に、その適用を受けた外国所得税額が減額された場合、減額されることとなった日の属する年分における外国税額控除等の計算は、次のとおり。

1. その減額される年に納付する外国所得税額（以下「納付外国所得税額」）からその減額された外国所得税額（以下「減額外国所得税額」）を控除し、その控除後の金額につき外国税額控除を適用。

2. 減額に係る年に納付外国所得税額がない場合または納付外国所得税額が減額外国所得税額に満たない場合
   ⇒減額に係る年の前年以前3年内の各年の控除限度超過額から、減額外国所得税の全額または納付外国所得税額を超える部分の金額に相当する金額を控除し、その控除後の金額について外国税額控除を適用。

3. 減額外国所得税額のうち上記1および2の外国税額控除の適用額の調整に充てられない部分の金額がある場合
   ⇒減額された年分の雑所得に算入。

■外国所得税額が増額された場合

外国税額控除の適用を受けた年分後の年分にその外国所得税額の増額があったとき
   ⇒その増額のあった日の年分において新たに生じたものとして外国税額控除を適用

11 外国親会社からのストックオプション等の インセンティブ報酬

〈ストックオプション〉

○ 手続き

付与（Grant）→譲渡制限期間（Vesting period）→権利行使（Exercise）→ 売却・譲渡（Sale）

税制適格・税制非適格ストックオプションの比較

ストックオプション	税制適格	税制非適格（例：外国親会社から付与）
付与時	課税されない	課税されない
権利行使時	課税されない 税制適格ストックオプションは、権利行使時には課税されない。 売却時まで課税繰延べ	（ 権利行使時の株価 － 権利行使価額〈新株発行価額等〉） の経済的利益に対し総合課税（給与所得等）
譲渡時	（ 譲渡対価 － 権利行使価額 ）の利益に対して申告分離課税	（ 譲渡対価 － 権利行使時の株価 ）の利益に対して申告分離課税

○ 課税関係

権利行使時に給与所得課税。譲渡時に株式譲渡所得課税。日本国内の子会社からの給与と合算して確定申告

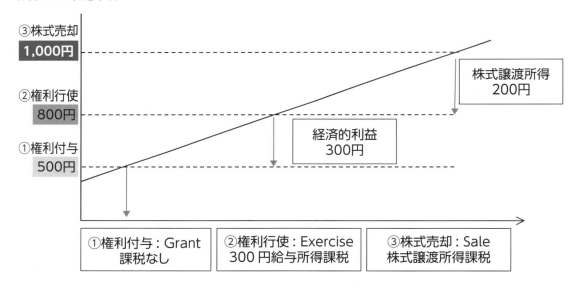

○ 外国法人からのストックオプションの主な例

・　ストックオプション（税制非適格）

・　リストリクテッド・ストック（RS）

・　リストリクテッド・ストック・ユニット（RSU）

・　エンプロイー・ストック・パーチェス・プラン（ESPP）

・　パフォーマンス・シェア（PS）等

ストックオプション制度とは

株式会社が、一定期間に一定価額（権利行使価額）で一定株数の自社株を購入する権利を与える制度。なお、ストックオプションの利益は、社会保険料の算定対象には含まれない。

日本の税制適格ストックオプションは、会社法に規定する取締役会決議に基づくものである必要があり、外国親会社のストックオプション・プランによるストックオプションは、日本では税制非適格ストックオプションとなることが多い。

ストックオプションの付与時には課税関係は生じないが、権利行使時に、勤務に基づく所得として給与所得が認識。発行法人が外国の法人であり、日本における源泉徴収は行われず、確定申告する必要がある。

税制適格ストックオプション〈ストックオプションの権利が与えられる者〉

① その会社の役職員（取締役・使用人・執行役）

② 株式の50%超を保有する関連会社の役職員

③ ストックオプションの権利を行使できる役職員の相続人を含み、大口株主等を除く

税制適格ストックオプションの要件

① 付与の決議日から2年後〜10年後までの間に権利行使すること

② 権利行使価額の年間の合計額が1,200万円を超えないこと

③ 1株当たりの権利行使価額がストックオプション契約締結時の株式時価以上

④ 新株予約権は譲渡しないこと

⑤ 権利行使によって取得した株式は取得後直ちに、証券会社等に管理信託等

前図の課税関係

① 権利付与：1株500円で権利付与

将来、権利行使するときに、時価が500円以上に上がっていても、500円で購入できる権利を付与。経済的利益を得ておらず課税なし。

② 権利行使：1株800円のときに権利行使

800円のものを500円で購入できるので、差額300円が経済的利益となり給与所得として課税

③株式売却：1株1,000円のときに株式を譲渡した。すなわち、1,000円と800円の差額200円が株式譲渡所得として課税

②権利行使と③株式売却は同時に行われることが多く、その際は、売却価額（800円）と取得価額（有償500円＋無償300円）は同額となり株式売却益は発生しない。

〈リストリクテッド・ストック／譲渡制限株式（Restricted Stock/RS）〉

○ 手続き

付与（Grant）→譲渡制限期間（Vesting period）→譲渡制限解除（Vest）→売却・譲渡（Sale）

　　　　　配当（Dividend）　　　　　　　　配当（Dividend）

○ 課税関係

制限期間経過時（制限期間解除時）の時価と取得価額（通常0）の差額に給与所得課税

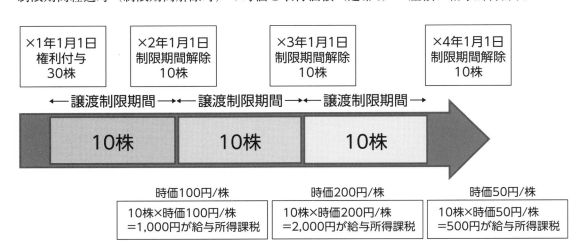

〈リストリクテッド・ストック・ユニット／制限株式ユニット（Restricted Stock Unit/RSU）〉

○ 手続き

付与（Grant）→譲渡制限期間（Vesting period）→譲渡制限解除（Vest）

　　　　　　配当相当手当（Deemed dividend）→配当相当手当（Deemed dividend）

→転換／ストック・ユニットを株式に変換可能期間（Convert）→売却・譲渡（Sale）

○ 課税関係

　制限期間経過時（制限期間解除時）の時価に給与所得課税

　配当金相当額のユニットも制限期間経過時の時価で給与所得課税

　日本国内の子会社からもらう給与と合算した確定申告が必要

　配当相当金額は、給与所得として課税

リストリクテッド・ストックとは

　株式会社が、一定の期間経過後に一括してあるいは何年間かに分けて、自社株を無償で交付する制度。

　現物株式が付与され、期間中でも、付与された従業員等は、議決権の行使や配当金を受ける権利を有することがある。ストックオプションと異なり、権利行使しなくても期間が経過すれば利益を得る。

前図の課税関係

①X1.1.1　無償で30株を権利付与

　1年経過ごとに毎年10株ずつ制限期間が解除されるという条件

②X2.1.1　1年経過し、10株が制限期間解除

　時価100円の株式を無償で取得したので、10株×100円＝1,000円が、1年度の給与所得として課税

③X3.1.1　さらに1年経過し、10株が制限期間解除

　時価200円の株式を無償で取得したので、10株×200円＝2,000円が、2年度の給与所得として課税

④X4.1.1　さらに1年経過し、10株が制限期間解除

　時価50円の株式を無償で取得したので、10株×50円＝500円が、3年度の給与所得として課税

【リストリクテッド・ストック/譲渡制限株式（Restricted Stock/RS）の解説】

　株式会社が、期間経過後に一括してあるいは何年かに分けて、株式と等価のユニット（交換単位権）を無償で交付する制度。

　ユニットは現物株式ではなく、直接の議決権はなく、配当相当額のユニットを受け取ることが多い。

　リストリクテッド・ストック（RS）とリストリクテッド・ストック・ユニット（RSU）は、類似の制度だが、RSは譲渡制限付きの株式現物の交付を受けるのに対し、RSUは株式現物ではなく株式と等価のユニットを取得。

〈エンプロイーストック・パーチエス・プラン／従業員持株購入制度（Employee Stock Purchase Plan/ESPP）〉

○ 手続き

給与控除（ESPP deduction）→積立（Pooling）→割引購入（Discount purchase）→売却（Sale）

○ 課税関係

・15％相当額を内国法人が支払った場合⇒給与所得として源泉徴収

・15％相当額を外国法人が支払った場合⇒株式の時価と購入価額（給与天引額）の差額を確定申告（総合課税）

・株式売却時の時価と購入時の時価との差額が株式譲渡所得として課税

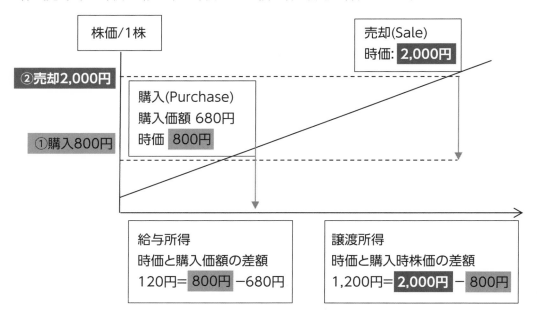

〈パフォーマンス・シェア（Performance Share/PS）〉

○ 手続き

①当初付与（Initial grant）→②譲渡制限期間（Vesting period）→③最終付与（Final grant）→④譲渡（Sale）

○ 課税関係

制限期間が解除され、最終付与されたときの株式の時価で給与所得課税

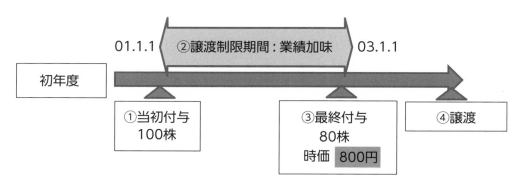

【従業員持株購入制度の解説】

自社株を割引（通常15%割引）で購入できる制度。外国法人の国内子会社が、その役員・使用人の税引き後の給与から、毎月、役員・使用人が自ら定めた金額または一定の率を基本給等に乗じて計算した金額を控除。

外国法人と外国証券会社との契約に基づいて開設された役員・使用人の外国証券会社の個人口座に移動。役員・使用人は毎年一定時期に、自らの個人口座に積み立てられた資金を基に、外国法人の株式を市場価格に対して割引いた金額で購入。

【パフォーマンス・シェアの解説】

役員・使用人の勤務成績に応じて株式が当初付与（Initial grant）され、2〜3年の制限期間（Vesting period）経過後に、制限期間中（Vesting period）の勤務成績に応じた株数が、最終付与（Final grant）。

当初付与された株数と最終付与された株数は、制限期間中の成績が加味され、付与株数と同じ株数が最終付与とは限らない。制限期間中の業績を加味させ、役員・使用人のモチベーションを高める。インセンティブとしての効果は、RSやRSUと比べて大きい。

① 01.1.1：100株が当初付与
② 01.1.1〜03.1.1の業績を加味、当初付与より減らされた80株が最終付与
　　80株×800円＝64,000円が、03年分で給与所得課税

【参考】ファントム・ストック（Phantom Stock）

仮想株式（ファントム・ストック）を従業員に付与し、一定期間経過後、仮想株式の価値相当額を現金で支払う制度。

仮想株式の価値として、自社株の時価、純資産価値、理論株価等がある。仮想株式には議決権はないが、配当相当額を支払。

○ 課税関係
価値相当額、配当相当額が支払われた時点の給与所得として確定申告（総合課税）。

〈外国親会社等が国内の役員等に供与等をした経済的利益に関する調書〉

令和　　　年分　外国親会社等が国内の役員等に供与等をした経済的利益に関する調書

経済的利益の供与等を受けた者	住所又は居所				居住者等の区分	居住者・非居住者	
	氏　　名				個　人　番　号		

供与等の年月日	経済的利益の内容	供与等を受けた株式の価額又は金銭その他の経済的利益の額	基礎となる株式又は権利の数	1単位当たりの金額	表　示　通　貨
・　・					
・　・					
・　・					

権利付与年月日	権　利　の　種　類	取得できる株式等の総数若しくは金銭等の総額又は付与された権利の総数	単　位
・　・			

契約に係る期間等	役員・使用人	自	年　年	月　月	日　日
		至			

外国親会社等（付与会社）	名称		法人番号		所在地の国名	

（摘要）

提　出　者	所　在　地			法　人　番　号	
	名　称	（電話）			

整　理　欄	①	②

○「個人番号又は法人番号」欄に個人番号（12桁）を記載する場合には、右詰で記載します。

56

外国親会社等から付与されたストックオプション等の権利行使などで経済的利益が供与等された場合、毎年3月末までに税務署に提出。

12 国外転出時課税の仕組みと納税猶予

国外転出時課税には大きく国外転出時と贈与・相続時の2種類。

〈国外転出時課税〉

① 国外転出時課税（国外転出した場合）

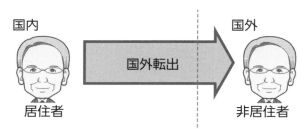

・1億円以上の有価証券等を保有
・過去10年以内に日本在住期間5年間

② 国外転出（贈与・相続）時課税：非居住者に贈与、相続または遺贈した場合

◎贈与時課税

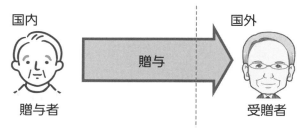

・1億円以上の有価証券等を保有
・過去10年以内に日本在住期間5年間

◎相続（遺贈）時課税

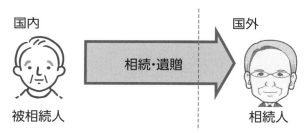

・1億円以上の有価証券等を保有
・過去10年以内に日本在住期間5年間

国外転出時課税

国外転出時に、対象資産の譲渡または決済（以下「譲渡等」）があったものとみなし、対象資産の含み益に対して所得税が課税

　国内在住期間には、一定の在留資格（外交、教授、芸術、経営・管理、法律・会計業務、医療、研究、教育、企業内転勤、短期滞在、留学等）で在留していた期間は含まない。
　国外転出時課税の対象者に国籍は問われない。

対象資産
・　有価証券※、匿名組合の出資持分
・　未決済の信用取引・デリバティブ取引
※　有価証券には、株式、国債、地方債、社債、投資信託の受益証券などを含む。
　株式は上場・非上場を問わない。

・1億円の判定

国外転出時課税　国外転出時	国外転出時課税　贈与時・相続時
転出時の対象資産の価額が1億円以上になるかどうかは、**すべての対象資産の価額の合計額で判定** 　含み損があるものや国外で保有しているものも1億円の判定に含める。	**贈与時・相続時に、贈与者・被相続人が保有していた対象資産の価額の合計額で判定** 　国外転出した場合と同じように、含み損があるものや国外で保有しているものも対象資産の価額に含める。 　非居住者である受贈者・相続人が取得した資産の価額のみで判定しない。

◎国外転出（贈与・相続）時課税：非居住者に贈与、相続または遺贈した場合
　対象資産を譲渡等したものとみなして、対象資産の含み益に対して所得税が課税。

〈国外転出時の申告期限・評価時期〉

　i)　納税管理人の届出をする場合

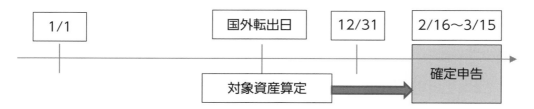

　ii)　納税管理人の届出をしない場合

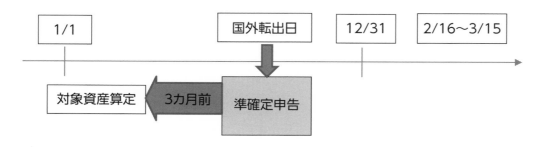

〈国外転出時課税の納税猶予〉

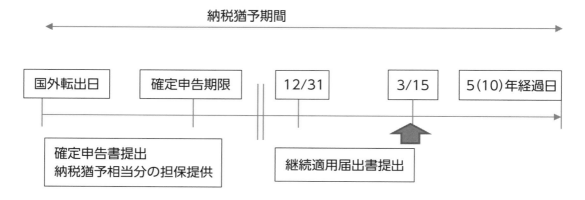

国外転出時の申告期限・評価時期

区分		納税管理人の届出	申告期限	対象資産の評価
① 国外転出時	届出をする場合		出国年の翌年3月15日[※1]	国外転出時
	届出をしない場合		国外転出日[※2]	国外転出予定日の3カ月前の時価
② 贈与			贈与年の翌年3月15日	贈与時の時価
③ 相続または遺贈			相続開始日から4カ月以内[※3]	相続開始時の時価

※1　国外転出をした年分の確定申告期限までに、確定申告および納税

※2　国外転出時までに、その年の1月1日からの準確定申告および納税

※3　申告期限が4カ月と短く、国外在住の親族がいる人は注意

　　期限までに遺産分割が確定しない場合、海外に住む親族が法定相続分で有価証券等を取得したものとされ、国外転出時課税の対象となる可能性あり。

国外転出時課税の納税猶予

(1)　国外転出時

　国外転出時課税の申告をする人が、一定の手続きを行った場合には、国外転出日から5年（延長の届出をしていれば10年）を経過する日まで納税が猶予

(2)　贈与時

　所得税の確定申告書に納税猶予の適用を受ける旨を記載して、一定の書類を添付。

　確定申告期限までに、納税猶予される所得税および利子税額に相当する担保を提供。

　納税義務のある贈与者は日本に住んでいるため、**納税管理人の届出は不要**。

(3)　相続または遺贈

　準確定申告期限までに、非居住者である相続人全員が納税管理人の届出。

　準確定申告書に納税猶予の適用を受ける旨を記載して、一定の書類等を添付。

　準確定申告期限までに、納税猶予される所得税および利子税額に相当する担保を提供。

〈注意事項〉

　担保の提供を含め、**上記の手続きを相続開始日から4カ月以内にすべて終わらせなければ**ならない。

〈納税猶予に関する取扱い〉

提出書類	国外転出等の時に譲渡または決済があったとされる対象資産の明細書 国外転出する場合の譲渡所得等の特例等に係る納税猶予分の所得税および復興特別所得税の額の計算書
納税猶予期間中	猶予期間中に、毎年12月31日で所有等している届出書（国外転出をする場合の譲渡所得等の特例等に係る納税猶予の継続適用届出書）を提出 提出を忘れると、期限から4カ月を経過する日で納税猶予は打切り
期限延長	届出書（「国外転出する場合の譲渡所得等の特例等に係る納税猶予の期限延長届出書」）を贈与日・相続開始日から5年を経過する日までに所轄税務署長へ提出すれば、納税猶予期限を5年延ばして**10年に延長可能**
納税猶予に係る期限の確定	納税猶予に係る期限までに、一部譲渡した場合、それぞれに応じた日をもって、納税猶予に係る期限が確定。納税猶予期間に応じた利子税も納付 この事由が生じた日から4カ月以内に「国外転出をする場合の譲渡所得等の特例等に係る納税猶予期限の一部確定事由が生じた場合の適用資産等の明細書」を所轄税務署長に提出
納税猶予の担保	納税猶予される所得税および利子税額に相当する担保（国税通則法50）を提供
課税取消し	国外転出日から5年（納税猶予の延長の届出で10年）以内に、受贈者・相続人等が帰国した場合、帰国日、贈与、相続または遺贈日から4カ月以内に更正の請求手続きが必要
納税猶予期間中に売却した場合	対象資産売却の場合、売却部分の所得税について納税猶予打ち切り。売却日から4カ月の経過日までに、売却部分の納税猶予された所得税および利子税を納付
納税猶予期間が満了した場合	納税猶予期間が満了した場合、満了日の翌日以降4カ月を経過する日までに猶予されていた所得税および利子税を納付
時価が下落した場合	売却日・満了日の価額が国外転出時の価額より下落した場合、売却日・満了日から4カ月以内に更正の請求手続きを行い、所得税を減額できる。

コラム

米国の国籍離脱税

米国から国籍離脱した場合、以下のいずれかに該当する場合、国籍離脱ルール（IRC 877A）が適用。

イ　国籍離脱または居住終了日以前の5年間の平均年間純所得税が、インフレ調整された指定金額（2017年 $162,000、2018年 $165,000、2019年 $168,000、2020年 $171,000、2021年 $172,000、2022年 $178,000、2023年 $190,000）以上

ロ　純資産が、国籍離脱または永住権放棄日に200万ドル以上

ハ　国籍離脱または永住権放棄日に先立つ5年間、米国連邦税のすべての義務を遵守（申告等）していることをフォーム8854（Initial and Annual Expatriation Statement：永住権放棄時の申告書）で証明しなかった場合

国籍離脱する場合、未実現利益に対して所得税を課される。この税制は、国籍離脱日の前日にその財産が時価で売却されたものとみなして課税（時価課税）される。これは、国籍離脱日に保有していたほとんどの種類の財産権に適用される。

第2章

海外取引と源泉徴収

〈海外取引と源泉徴収〉

　非居住者や外国法人に対し、源泉徴収の対象となる一定の国内源泉所得の支払をする場合、その支払の際に源泉所得税を徴収し、国に納付

【源泉徴収のイメージ〜源泉徴収税率20％の場合】

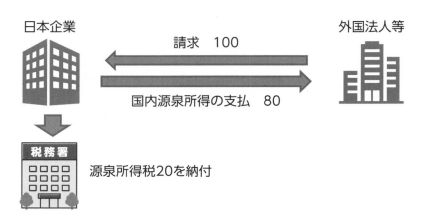

≪非居住者等に対する源泉徴収の判定フロー≫

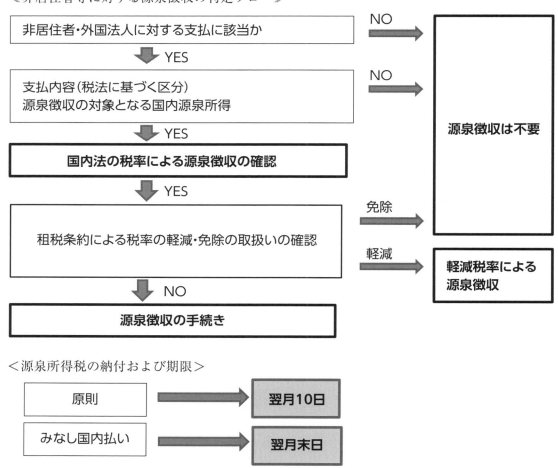

源泉徴収が必要な主な国内源泉所得と税率

国内源泉所得の種類	源泉徴収税率
土地等の譲渡対価	10.21%
人的役務の提供事業の対価	20.42%
不動産の賃貸料等	20.42%
預貯金の利子等	15.315%
配当等	20.42%
貸付金の利子	20.42%
工業所有権等の使用料等	20.42%
給与その他人的役務の提供に対する報酬、公的年金等、退職手当等	20.42%
匿名組合契約等に基づく利益の分配	20.42%

（注）復興特別所得税の付加

平成25年1月1日～令和19年12月31日までは、源泉徴収税率に復興特別所得税（本来課される所得税に対して2.1%）が付加

租税条約の確認

相手国との間で租税条約が結ばれている場合、租税条約の規定が国内法に優先するため、租税条約の内容を確認。租税条約の税率が、日本の国内法の税率以下である場合、租税条約の税率により源泉徴収を行う。それにより、上記の税率が免除または軽減されることがある。

また、この免除または軽減を受けようとする場合に、支払日の前日までに「**租税条約に関する届出書**」等の書類をその国内源泉所得の支払者を経由してその支払者の納税地の所轄税務署長に提出。なお、租税条約を適用することで、国内法の税率以下となるものは、復興特別所得税を併せて源泉徴収する必要はない。

源泉所得税の納付

源泉徴収した所得税および復興特別所得税は、原則として徴収した日の属する月の**翌月10日**までに納付。なお、国内源泉所得の支払が**国外**において行われる場合、原則、源泉徴収の必要はないが、その支払者が国内に住所もしくは居所を有し、または国内に事務所、事業所その他これらに準ずるものを有するときは、その支払者がその国内源泉所得を**国内において支払ったものとみなして源泉徴収（みなし国内払い）**（詳しくは75ページ参照）。この場合の納付期限は、事務手続等を考慮して、翌月10日ではなく、**翌月末日**。

2 源泉所得税調査のターゲットとなりやすい法人

〈源泉調査のターゲットとなりやすい法人〉

法　人	検討項目
海外子会社や海外支店等を有し、海外勤務者がいる法人	海外に居住する役員に支払った給与の課税漏れ 出国後に支払った国内勤務部分に係る賞与の課税漏れ 海外勤務時の現地所得税の帰国後の会社負担
工業所有権等の使用料の支払	国外送金等調書等から抽出 工業所有権や著作権等の使用料の送金が多い法人 租税条約の規定ぶりが特殊な国（インド等）への支払の源泉徴収漏れ
貿易外の国外送金が多い法人	国外送金等調書からの源泉徴収漏れ
エクスパッツ（外国企業から派遣された社員）が在籍する外資系法人	エクスパッツに対する手当の支給に対する給与の課税漏れ
その他	過去の税務調査において多額の非違が把握された法人 長期未接触法人

〈調査で提出を求められる書類〉

　源泉所得税には、通常、以下のような書類の準備、提出が事前に依頼される。

会社案内（営業内容、経歴等を記載した書類）、組織図、部署別人員
社内諸規定集等（就業、賃金、旅費、退職、稟議・決裁基準等）
取締役会、役員会、株主総会議事録等
稟議書、決裁文書等
契約書綴り
社員名簿
給与・賞与台帳、源泉徴収簿等
扶養控除等（異動）、保険料控除、配偶者特別控除、住宅借入金等特別控除の各申告書
住民税の課税通知書および変更通知書
海外勤務者出入国リスト（出国日、出国先国・部署、帰国日等）
海外送金関係書類（送金依頼書、送金内容についての証拠書類、インボイス等）
支払リース料一覧表
租税条約に関する届出書、居住者証明書および特典条項に関する付表
源泉徴収の免除証明書
退職所得の受給に関する申告書、退職所得の源泉徴収票
法定調書（控）、法定調書合計表（控）

源泉所得税の調査体制

　税務署所管法人の税務調査の場合、源泉所得税の調査も、通常は法人税や消費税の調査と同時に行われる（法源消同時調査）。ただし、報酬料金の支払が多い法人や、海外取引を行い非居住者等に多額の支払がある法人などは、源泉所得税に絞った調査が行われる（源泉単独調査）。

　源泉単独調査は、会社の規模にかかわらず税務署の調査官が担当。そのため、資本金1億円以上の国税局調査部が所掌する法人の場合、法人税と消費税の調査は国税局調査部の調査官が行い、源泉所得税の調査は税務署の調査官が行うという調査体制になる。

　海外取引が絡む源泉所得税については高度な専門知識が求められ、大規模税務署には源泉所得税担当の国際税務専門官が配置。非居住者等に係る源泉徴収漏れが想定される場合、国際税務専門官が担当するケースが多い。

源泉徴収漏れがあった場合〜「グロスアップ」とは

　グロスアップとは、源泉所得税を控除せずに送金してしまった金額を、源泉所得税控除後の手取額と考えて、源泉所得税の額を再計算すること。

　源泉徴収を失念し、後日税務調査で源泉徴収漏れを指摘された場合、まず源泉徴収義務者である内国法人に対して源泉所得税が追徴課税される。この源泉所得税は本来支払先である海外企業が負担すべき税金であり、内国法人は、当該源泉所得税を海外企業に請求するが、必ずしも海外企業が源泉所得税の返還に応じるとは限らず、回収できない場合もある。その場合、内国法人の支払額が、（源泉所得税控除後の）手取額になるようにグロスアップした金額に基づいて、以下の計算式に当てはめて追徴税額を計算。

> 源泉徴収後の支払金額÷（1−源泉徴収税率）＝支払総額

＜グロスアップの計算例＞

　外国法人への支払1,000,000円について、源泉徴収（源泉徴収税率を10.21％）を失念して全額支払ってしまった場合

　支払総額＝1,000,000÷（1−0.1021）＝1,113,709円

　源泉税額＝1,113,709−1,000,000＝113,709円

　グロスアップせずに源泉徴収する場合

　源泉税額＝1,000,000×0.1021＝102,100円

3 源泉徴収免除制度

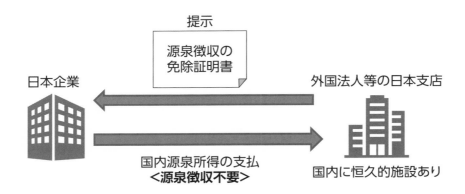

<提示>
源泉徴収の
免除証明書

日本企業 　　　　　　　　　　　　　　　　外国法人等の日本支店

国内源泉所得の支払
<源泉徴収不要>

国内に恒久的施設あり

<源泉徴収の免除制度>

支払を受ける外国法人等が恒久的施設を有する
支払を受ける外国法人等が「**源泉徴収の免除証明書**」を支払者に提示
一定の所得について源泉徴収を免除

〈実務上の留意点〉

　支払を受ける外国法人等が国内に恒久的施設を有する場合、源泉徴収が免除されることがあり、支払前に確認することが必要。また、源泉徴収免除の対象の場合でも、「源泉徴収の免除証明書」の提示を受ける必要がある（実務上は写しを入手）。

　「源泉徴収の免除証明書」には有効期限があるので注意が必要。有効期間内の支払であれば源泉徴収は不要となるが、期限後に更新が行われていない場合、源泉徴収が必要。

源泉徴収免除制度の対象となる主な所得

対象	源泉免除証明提示	参考：内国法人へ支払った場合
不動産の賃貸料等（P.28参照）	源泉免除あり	対象外
使用料および無形資産の譲渡対価		
貸付金の利子		
人的役務提供事業の対価		対象外（一定の場合源泉徴収有）
任意組合等の利益分配	一定の場合のみ源泉免除あり	対象外
国内土地建物等の譲渡対価（P.24参照）		
預貯金・公社債等の利子	源泉免除なし	源泉徴収
配当金		
匿名組合分配金		

「源泉徴収免除制度」の概要

源泉徴収免除制度は、外国法人の恒久的施設（PE：Permanent Establishment）が受ける対象国内源泉所得について内国法人と同等の源泉税課税を行うことを目的。外国法人や非居住者（以下「外国法人等」）に対して支払われる国内源泉所得は、いわゆる事業所得に該当する場合を除き、源泉徴収の対象。しかし、支払を受ける外国法人等が、**国内に支店等のPEを有している場合**、納税地の所轄税務署長から「源泉徴収の免除証明書」の交付を受け、その者が「**源泉徴収の免除証明書」を支払者に提示した場合**、その支払者が支払う特定の国内源泉所得は、源泉徴収を要しない。

日本国内に恒久的施設を有して事業活動を行っている外国法人等は、総合課税の適用を受け、日本で確定申告をしなければならない。そこで、所定の要件を満たす場合、外国法人等に対してのみ源泉徴収の対象となっている一定の所得は、源泉徴収を免除することで、内国法人や居住者と同様に扱う。

「源泉徴収の免除証明書」を入手するための手続き

国内に恒久的施設を有する外国法人等は、一定の要件を満たしている場合、所轄税務署から「源泉徴収の免除証明書」の交付を受けることができ、以下の要件を満たしたうえで、「外国法人又は非居住者に対する源泉徴収の免除証明書交付（追加）申請書」を所轄税務署長に提出。申請書を提出してもすぐに源泉免除証明書が交付されるわけではなく、申請書の提出後交付までには、1カ月程度の期間を要する。また、源泉免除証明書には有効期間が設定され、一度交付を受けた後も証明書の定期的な更新が必要。

源泉徴収が免除される国内源泉所得の範囲

源泉免除証明書の交付を受けたとしても、すべての国内源泉所得について源泉徴収が免除されるわけではなく、免除対象所得とならないものもある。源泉免除証明書の交付により源泉徴収が免除されるのは、基本的に内国法人に支払われたとしたならば、源泉徴収が行われない種類の所得。

源泉徴収の免除証明書の要件

「外国普通法人となった旨の届出書」等を提出
外国法人にあっては登記
源泉徴収の免除規定の適用を受けようとする国内源泉所得（PE帰属所得）が、法人税の課税対象
偽りその他不正の行為により所得税または法人税を免れたことがないこと
報酬の支払者に証明書を提示する場合、支払者の氏名または名称およびその住所、事務所、事業所等の所在地、提示した年月日を帳簿に記録することが確実と見込まれること

〈源泉徴収の免除証明書の様式〉

（表面）

外国法人に対する源泉徴収の免除証明書　　　第　　　号

①	本店又は主たる事務所の所在地	
外国法人の	名　称	
② 日本における法人税の納税地にある事務所等の	所　在　地	
	名　称	

③

　　上記の者は、所得税法施行令第304条に規定する要件を備えていると認められますから、この証明書の発行の日から 令和　　年　　月　　日 までの間に上記の者に支払う所得税法第161条第1項第4号（裏面2(5)を参照してください。）、第5号（裏面2(6)を参照してください。）、第6号、第7号、第10号、第11号、第13号又は第14号に掲げる国内源泉所得で上記の者の恒久的施設に帰せられるものについては、その支払者は所得税法第212条第1項の規定による源泉徴収を行う必要はありません。

令和　　年　　月　　日　　　　　　　　　　財務事務官

税務署長　　　　　　㊞

（表面）

非居住者に対する源泉徴収の免除証明書　　　第　　　号

①	住　　所	
非居住者の	氏　　名	
② 日本における所得税の納税地にある事務所等の	所　在　地	
	名　称	

③

　　上記の者は、所得税法施行令第330条に規定する要件を備えていると認められますから、この証明書の発行の日から 令和　　年　　月　　日 までの間に上記の者に支払う所得税法第161条第1項第4号（裏面2(5)を参照してください。）、第6号、第7号、第10号、第11号、第12号イ（給与に係る部分を除きます。）又は第14号に掲げる国内源泉所得（一定のものを除きます。裏面2(6)を参照してください。）で上記の者の恒久的施設に帰せられるものについては、その支払者は所得税法第212条第1項の規定による源泉徴収を行う必要はありません。

令和　　年　　月　　日　　　　　　　　　　財務事務官

税務署長　　　　　　㊞

外国法人又は非居住者に対する源泉徴収の
免除証明書交付（追加）申請書

※整理番号

税務署受付印

令和　　年　　月　　日

税務署長殿

納税地にある法人税又は所得税の事務所等の	所 在 地	〒
	（フリガナ）	
	名称又は氏名	
	法 人 番 号	※個人の方は個人番号の記載は不要です。
	（フリガナ）	
	代表者その他の責任者の氏名	
	（フリガナ）	
	納税管理人の氏名	

①□所得税法第180条第1項
　□所得税法第214条第1項　　に規定する　証明書　　部の交付を申請します。
　□租税特別措置法施行令第3条の3第2項

追加申請書の場合
当初の申請書の提出年月日
平成・令和　　年　　月　　日

②国外にある本店若しくは主たる事務所の所在地又は住所　③非居住者で国内に居所がある場合のその居所

④法人税法に定める外国普通法人となった届出書若しくは収益事業開始届出書又は所得税法に定める開業届出書を提出した年月日　　昭・平・令　　年　　月　　日

⑤会社法第933条第1項、旧商法第479条第1項、旧有限会社法第76条又は民法第37条第1項に規定する登記をした年月日　　昭・平・令　　年　　月　　日

⑥支払を受ける所得が法人税又は総合課税に係る所得税を課される所得に含まれる事情の概要

⑦当社（私）は｛□　所得税法施行令第304条第5号に掲げる記録を確実に行います。
　　　　　　　　□　所得税法施行令第330条第6号に掲げる記録を確実に行います。

⑧外国法人の恒久的施設を通じて行う事業の内容が法人税法第149条又は第150条の規定による届出書の内容と異なっている場合は、その現在の事業の概要

⑨証明書を提示しようとする所得のうち主たるものの支払者及びその支払を受ける事務所等	所　得　の　支　払　者　の		支払を受ける		所得の支払を受ける事務所等の名称及び所在地
	氏名・名称	住所・所在地	所得の種類	見込期間	

⑩租税特別措置法第8条に規定する外国銀行等が同法の適用を受ける場合には、その利子又は収益の分配の主たる支払者の名称及び事務所等	利　子　等　の　支　払　者　の		支払を受ける見込期間	所得の支払を受ける事務所等の名称及び所在地
	名　　称	所　在　地		

⑪証明書の交付を受けようとする外国法人が所得税法第180条第1項に規定する外国法人に該当する場合又は非居住者が同法第214条第1項に規定する非居住者に該当する場合に、この証明書によりこれらの項の適用を受けようとする国内源泉所得がその法人（者）のこれらの項に規定する対象国内源泉所得に該当する事情

税　理　士　署　名	

※税務署処理欄	起案	・ ・	署長	副署長	統括官	担当者	整理簿	処理内容	交付 ・ 不交付	
	決裁	・ ・						交付事績	交付部数	部
						番号	通知書		有効期限	・ ・
									証明書番号	～
									交付通知 年月日	・ ・

03.06 改正

（規格A4）

73

4 みなし国内払い

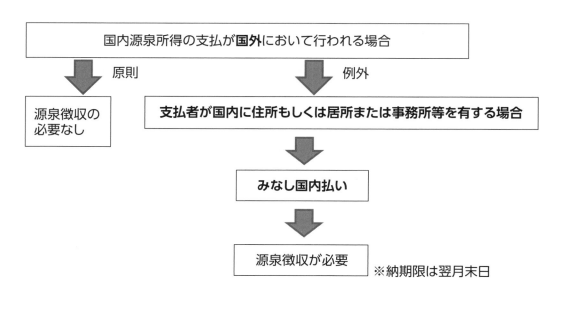

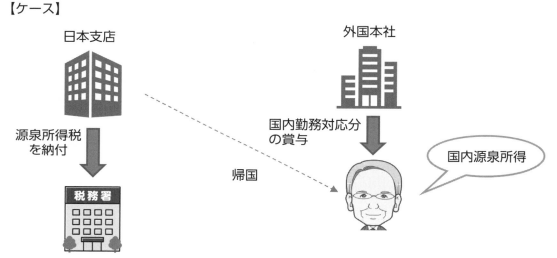

【ケース】

外国法人の日本支店に出向していたエキスパッツ（外国人派遣社員）が日本での勤務を満了し、母国の本社に帰国。帰国後に母国の本社から賞与が支払われたが、この賞与の中には日本国内での勤務対応分（国内源泉所得）が含まれている。この場合、賞与は海外で支払われているので、源泉徴収は必要ないと考えてよいか？

みなし国内払いが適用され、日数按分により算出した国内勤務に基因する部分の金額（国内源泉所得）について、20.42％の税率で源泉徴収し、これを日本支店が、その支払った日の属する月の翌月末日までに納付。

「みなし国内払い」とは

　非居住者または外国法人（以下「非居住者等」）に対し、**国内において源泉徴収の対象となる国内源泉所得の支払をする者**は、その支払の際、所得税および復興特別所得税を源泉徴収し、**翌月10日までに納付**。

　国内源泉所得の支払が国外において行われる場合には、原則として源泉徴収の必要はない。

　ただし、その支払者が**国内に住所もしくは居所を有する**か、または**国内に事務所、事業所その他これらに準ずるものを有する**ときは、その国内源泉所得を**国内において支払ったものとみなして源泉徴収をする**（みなし国内払い）。

　この源泉所得税の納付期限は、事務手続き等を考慮し、翌月10日ではなく、**翌月末日**。

【ケースの解説】

　このケースでは、日本国内に支店があるため、みなし国内払いが適用される。よって、日数按分により算出した国内勤務に基因する部分の金額（国内源泉所得）に、20.42％の税率で源泉徴収し、これを日本支店が、その支払った日の属する月の翌月末日までに納付。

　このケースのように、**海外の本店から非居住者に対して国内源泉所得の支払があった場合、みなし国内払いが適用される**。このみなし国内払いは、課税漏れとなりやすく、税務調査で指摘されることも多く、注意が必要。

★出国時年末調整

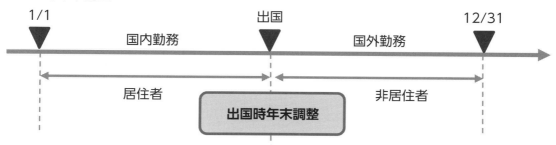

■**生命保険料控除・社会保険料控除**
社会保険料控除、生命保険料控除は、居住者がその年に支払った額が控除の対象

出国時年末調整で控除できる社会保険料や生命保険料は**その年の1月1日から
出国日までに支払った保険料**に限られる。

■**扶養親族等の判定の時期**
控除対象配偶者や扶養親族に該当するかどうかは、**出国時の現況**により判定

配偶者や親族に所得がある場合、**出国する年の1年分の所得を出国の時の現況で
見積もり**、控除対象配偶者や扶養親族に該当するかどうかを判定

■**住宅借入金等特別控除等**
国内源泉所得のある一定の期間については一定の手続きで適用が可能

※P.44参照

出国時年末調整

日本企業の海外進出の増加に伴い、社員が海外支店や海外子会社において勤務する場合、日本企業において出国時までに年末調整（以下「出国時年末調整」）を行う。

前ページの図では、出国年においては居住者期間と非居住者期間が混在。

居住者期間中に日本企業から支払われた給与は、会社で源泉徴収された所得税を精算するために通常の年末調整と同じ方法を出国時に行う。

この出国時年末調整が行われた場合、他に確定申告が必要な所得がないときは、出国時年末調整で居住期間中の税務処理は完結。

海外勤務者はいつから「非居住者」となるのか

海外勤務のために出国して国外で居住する場合、国外で継続して1年以上居住することを通常必要とする職業を有する場合、日本国内に住所を有しない者（非居住者）と推定。

具体的に、出国した者の現地における勤務期間が、契約等によりあらかじめ1年未満であることが明らかである場合を除き、その者の住所は国内にはないものと取り扱われる。

したがって、海外勤務期間が1年以上であることを明示した派遣契約や出向辞令等に基づき海外へ派遣された場合、その出国日の翌日から非居住者となる。

実務上、社員を海外に派遣する場合、派遣予定期間を明示した派遣契約書や辞令等を作成し、居住者・非居住者の判定が曖昧にならないようにすることが必要。

非居住者期間中の住宅借入金等特別控除等の適用

平成28年3月以前は、非居住者に該当する非居住者期間中の適用はなかったが、平成28年4月以後の住宅取得等の場合、家屋所有者が非居住者であっても、その者と生計を一にする親族がその家屋に年末まで引き続き居住していれば、この取扱いは適用。ただし、国内源泉所得がある年分に限られる。

住宅借入金等特別控除等の適用を受けていた者が、家族と共にその家屋を居住の用に供しなくなった場合、当該年以降、住宅借入金等特別控除等の適用はない。ただし、次のすべての要件を満たせば、再居住の日の属する年（その年において、その家屋を賃貸の用に供していた場合には、その年の翌年）以後、残存控除期間につき、再適用が可能。

イ　勤務先からの転任の命令その他これに準ずるやむを得ない事由があること

ロ　家屋を居住の用に供しなくなる日までに、一定の手続きを行っていること。

6 出国後に支給される給与・賞与の取扱い

① 出国後に支給される給与

【ケース1】出国後に支給される給与①

> 当社は、前月16日から当月15日までの給与を当月25日に支払う。海外支店で勤務するため9月10日に出国した社員Xに対し、9月25日に給与を支給する予定。日本での課税はどうなるか。

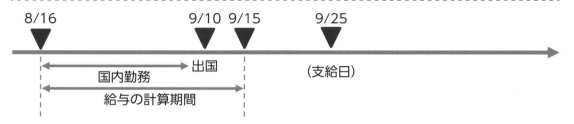

【回答】9月25日に支給する給与は、国内源泉所得に該当せず、源泉徴収は不要

【ケース2】出国後に支給される給与②

> 【ケース1】において、社員Xの出国日が9月20日だった場合、どうなるか。

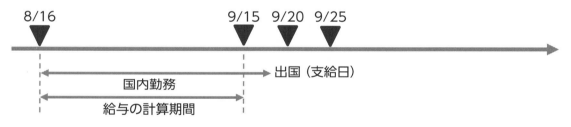

【回答】9月25日に支給する給与は全額国内源泉所得に該当し、20.42％で源泉徴収

② 出国後に支給される賞与

【ケース3】出国後に支給される賞与

> 当社の社員Yは3年間の予定で海外支店へ派遣されることとなり、10月20日に出国。
> 12月10日に賞与を支給するが、この賞与について日本での課税はどうなるか。
> 支給対象期間：6月1日から11月30日　支給日：12月10日　支給額：80万円

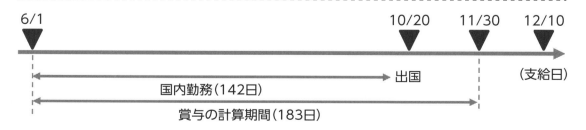

【回答】按分計算し、日本国内で勤務した期間に対応する金額が国内源泉所得として源泉徴収

【ケース1の解説】

　社員が海外に出国し、非居住者となった後に給与や賞与が支払われることがある。

　給与の計算期間と出国日の関係が、源泉徴収のポイント。

　給与所得者（役員を除く）が1年以上の予定で海外勤務となった場合、**出国日までの期間に対応する給与は国内源泉所得**となり、**出国後の期間に対応する給与は国外源泉所得**。

　出国して非居住者となった後に支払を受ける国内源泉所得は、原則20.42％の源泉徴収。

　原則的には日数按分を行って国内源泉所得の部分を計算し、この部分に対して源泉徴収。しかし、例外規定で次の条件を満たす場合、その**総額が国内源泉所得に該当しない**（所基通212－5）。

〈例外の要件〉

> ①　給与等の計算期間の中途において居住者から非居住者となったこと
> ②　給与等の計算期間が1月以下であること
> ③　給与等の全額が国内勤務に対応するものでないこと

　実務上は、この例外規定に従って処理する。

　このケースでは、社員Xは給与の計算期間の途中で出国しており、上記例外の要件を満たしており、9月25日に支給する給与は国内源泉所得に該当せず、源泉徴収の必要はない。

【ケース2の解説】

　このケースで、社員Xは給与の計算期間後に出国し、給与の全額が国内勤務に対応しており、9月25日に支給する給与は全額国内源泉所得に該当し、20.42％の源泉徴収。

【ケース3の解説】出国後に支給される賞与

　賞与は、計算期間が1カ月を超えるため例外規定は使えない。

　よって、原則どおり按分計算し、日本国内で勤務した期間に対応する金額が国内源泉所得として源泉徴収の対象となる。国内源泉所得の金額は次の算式で計算。

$$賞与の総額 \times \frac{国内において行った勤務の期間}{賞与の総額の計算の基礎となった期間}$$

　12月10日に支給する賞与の計算期間は6月1日から11月30日までの183日間で、Y氏はそのうち6月1日から10月20日までの142日間を国内で勤務したことから、国内源泉所得の金額および源泉徴収税額は次のとおり。

$$国内源泉所得の金額 = 800,000円 \times \frac{142日}{183日} = 620,765円$$

$$源泉徴収税額 = 620,765円 \times 20.42％ = 126,760円$$

　年の途中で海外勤務をすることとなった社員に対し賞与を支給する場合、賞与を支払う時点で「非居住者」に該当し、源泉徴収をする必要がないものと誤認して、源泉徴収漏れとなる場合あり。

7 人的役務提供事業の対価

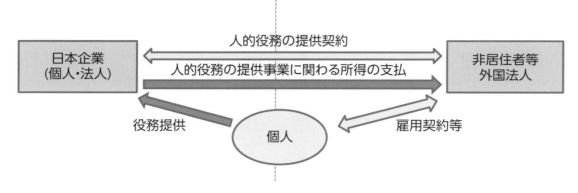

租税条約	コンサルティング報酬※1	参考：ソフトウエア使用料※2
日本・シンガポール	免税	軽減税率による課税
日本・アメリカ	免税	免税
日本・インド	軽減税率による課税	軽減税率による課税

※1　コンサルティング報酬→人的役務提供の対価に該当

※2　ソフトウエア使用料→使用料に該当

所得税法161条1項6号所得と12号所得の対比（所基通161－20～25）

	人的役務の提供事業の対価（6号所得）	給与その他人的役務の提供の報酬等（12号所得）
役務提供を行う者	法人に派遣された従業員等の個人	フリーランス（個人事業主）本人
人的役務の内容	所得税法施行令282条に該当するもの（高度なスキルを要するもの）	内容を問わない
租税条約による免税の根拠	租税条約上の事業所得条項	
提出すべき租税条約届出書	様式6	様式7

■ 源泉徴収が必要となる人的役務の提供事業の対価（国内法の規定）

国内において行う次の人的役務の提供事業の対価は、国内源泉所得に該当し、非居住者等に支払う際に20.42％の税率で源泉徴収（所法161①六、212①、所令282）。

「人的役務の提供事業」とは、<u>非居住者等と雇用関係、専属関係にある者など、他人による人的役務の提供事業</u>が該当。

① 映画もしくは演劇の俳優、音楽家その他の芸能人または職業運動家の役務の提供を主たる内容とする事業

② 弁護士、公認会計士、建築士その他の自由職業者の役務の提供を主たる内容とする事業

③ 科学技術、経営管理その他の分野に関する専門的知識または特別の技能を有する者の当該知識または技能を活用して行う役務の提供を主たる内容とする事業

■ 租税条約がある場合

人的役務の提供事業の対価は、国内法では一般の事業所得とは区別し、別個の国内源泉所得として規定しているが、租税条約の多くは、国内法とは異なり、事業所得に関する条項が適用。

事業所得に関する条項は、一般に

『一方の締約国の**企業の利得**に対しては、その企業が**他方の締約国内にある恒久的施設を通じて当該他方の締約国内において事業を行わない限り、当該一方の締約国においてのみ租税を課することができる。**一方の締約国の企業が他方の締約国内にある恒久的施設を通じて当該他方の締約国内において事業を行う場合には、その企業の利得のうち当該恒久的施設に帰せられる利得に対しては、当該他方の締約国において租税を課することができる。』

と規定。

多くの租税条約は、人的役務の提供事業の対価を「企業の利得」または「産業上または商業上の利得」としてとらえ、恒久的施設を通じて事業を行わない限り、日本での課税は免除。

ただし、人的役務の提供事業の中でも、芸能人または職業運動家の役務提供事業の対価は、恒久的施設の有無にかかわらず、役務提供地国において課税することとしている条約も多く見られるので注意が必要。

【ケース】インド法人への支払

　　当社（日本法人）は、インド企業（日本国内に支店などの恒久的施設はない）にソフトウエア開発に関する技術支援業務を委託し、技術支援料を支払った。この対価について源泉徴収は必要か。なお、ソフトウエア開発の技術支援業務はインド国内で行われた。

【回答】日本法人は、10％の源泉徴収が必要

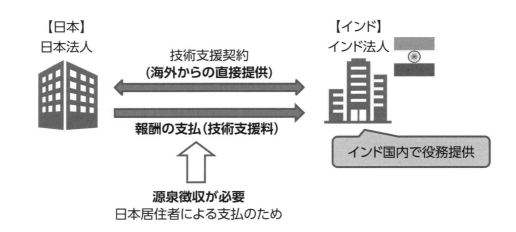

租税条約の取扱い

| 国内法 | ➡ | 役務提供が国外で行われているため、国外源泉所得 |
| 租税条約 | ➡ | 日本法人が技術支援料を支払っているため国内源泉所得 |

租税条約の規定が優先

国内法の取扱い

国内において行う「科学技術、経営管理、その他の分野に関する専門的知識または特別の技能を有する者の当該知識または技能を活用して行う役務の提供を主たる内容とする事業」を行う者が受ける当該人的役務提供事業の対価は国内源泉所得に該当。

また、外国法人に対し国内においてこの国内源泉所得を支払う者は、その支払の際に20.42％の税率により源泉徴収。

左記のケースは、日本法人がインド法人に支払う技術支援料は、科学技術に関する専門的知識を有する者（プログラマー等）の当該知識を活用して行う役務の提供を主たる内容とする事業の対価に該当すると考えられるが、その役務の提供はインドで行われ、日本国内では行われないことから国内源泉所得には該当しない。

しかし、国内源泉所得となるものの範囲につき租税条約に異なる定めがある場合、租税条約の規定が優先し、この役務提供の対価が国内源泉所得に該当するかどうかは、日印租税条約の規定で確認。

租税条約の取扱い

日印租税条約12条6項では、国内法と異なり、「技術上の役務に対する料金」は、その**支払者が日本法人である場合には国内源泉所得**（債務者主義）。

「技術上の役務に対する料金」とは、技術者その他の人員によって提供される役務を含む経営的もしくは技術的性質の役務またはコンサルタントの役務の対価としてのすべての支払金（自由職業者である個人に対する支払金を除く）をいう（同条約12④）。

ソフトウエア開発に関する技術支援業務は、技術者の専門的な知識または技能を活用して行う役務の提供に対する報酬であり、日印租税条約12条の「技術上の役務に対する料金」に該当。左記のケースで、対価の支払者は日本法人で、インド国内で役務提供が行われたとしても国内源泉所得として取り扱われ、支払の際、源泉徴収が必要。

源泉徴収税率

源泉徴収税率は、日印租税条約で、「技術上の役務の提供に対する料金」に係る源泉地国における限度税率は10％を超えない（同条約12②）とされ、役務提供の対価の支払日の前日までに、インド法人が日本法人を経由して「租税条約に関する届出書」（租税条約の使用料条項「様式3」を使用）を日本法人の所轄税務署長に提出すれば、日本法人はその支払の際に10％の税率の所得税を源泉徴収すればよいことになる（実特法の施行に関する省令2）。

8 配当の取扱い

【ケース】

　日本法人A社は、株主であるドイツ法人B社に対して配当10,000を支払う。

　B社は1年前からA社の議決権のある株式を20％保有。

　B社は日本に恒久的施設（PE）を有していない。

　この場合、B社に支払う配当について、源泉徴収は必要か。

【回答】　5％を源泉徴収

STEP1　国内法の検討

STEP2　租税条約の検討

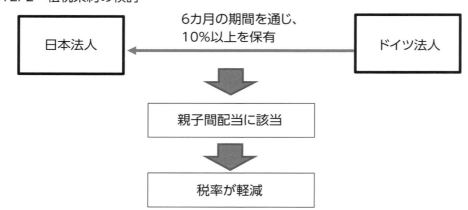

※株式の所有期間と保有割合は条約によって異なる。必ず条約を確認。

【ケースの解説】

STEP 1　国内法の検討

　配当等のうち、次に掲げるものは、国内源泉所得に該当。

　非居住者等に支払う際、源泉徴収（20.42％）が必要（所法24①）

> (1)　内国法人から受ける所得税法24条1項に規定する剰余金の配当、利益の配当、剰余金の分配または基金利息
>
> (2)　国内にある営業所に信託された投資信託（公社債投資信託および公募公社債等運用投資信託を除く）または特定受益証券発行信託の収益の分配

STEP 2　租税条約の検討

　日本とドイツ間は租税条約（日独租税条約）を検討

　国内法の源泉徴収税率より低い税率が規定（日独租税条約10）され、その低い税率で源泉徴収。租税条約の適用を受け、租税条約に関する届出（様式1：配当に対する所得税および復興所得税の軽減・免除）を、配当支払日までに、配当の支払者を通じて所轄税務署長に提出。

> 第10条（配当）（下線部は筆者加筆）
>
> 2　一方の締約国の居住者（日本法人）である法人が支払う配当に対しては、当該一方の締約国（日本）においても、当該一方の締約国（日本）の法令に従って租税を課することができる。その租税の額は、当該配当の受益者（ドイツ法人）が他方の締約国（ドイツ）の居住者である場合には、次の額を超えないものとする。
>
> (a)　当該配当の受益者（ドイツ法人）が、当該配当の支払を受ける者が特定される日をその末日とする6箇月の期間を通じ、当該配当を支払う法人（日本法人）の議決権のある株式の10パーセント以上を直接に所有する法人（組合を除く。）である場合には、当該配当の額の5パーセント
>
> (b)　その他の全ての場合には、当該配当の額の15パーセント

　通常、租税条約では親子間配当と一般配当とを区別して規定。

　親子間配当に該当すると、源泉徴収税率は一般配当の税率より低くなる。親子間配当に該当するか否かは、所有期間と保有割合によって決まる。

　日独租税条約10条2で、(a)が親子間配当、(b)が一般配当の場合を規定

　日独租税条約10条2(a)で、ドイツ法人B社が日本法人A社の株式の10％以上を直接に6カ月以上保有している場合、親子間配当に該当。

　このケースで、ドイツ法人B社は、日本法人A社の議決権のある株式の20％を1年間保有しているため日独租税条約第10条2(a)の親子間配当に該当し、日本では5％で課税。

　租税条約で国内法の源泉徴収税率を減免している場合、租税条約の規定が優先され、このケースでは、租税条約の規定が優先し、5％で源泉徴収（租税条約が適用される場合、復興特別所得税は課されない）。

9 使用料の取扱い

〈源泉徴収が必要な使用料：使用地主義と債務者主義〉

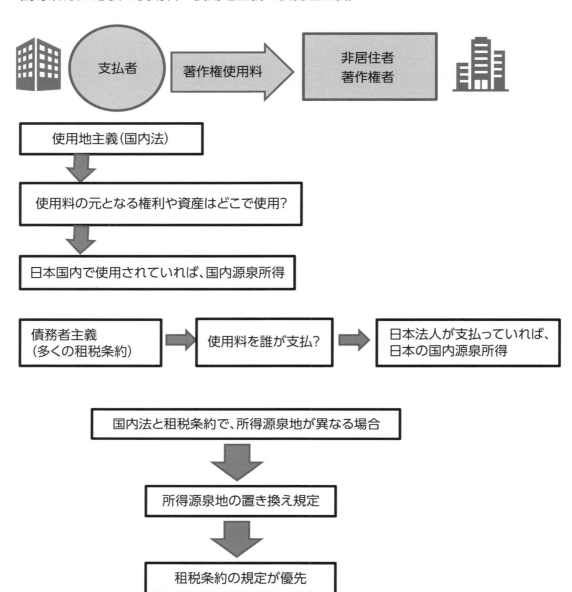

支払者 — 著作権使用料 → 非居住者 著作権者

使用地主義(国内法)

↓

使用料の元となる権利や資産はどこで使用?

↓

日本国内で使用されていれば、国内源泉所得

債務者主義
(多くの租税条約) → 使用料を誰が支払? → 日本法人が支払っていれば、日本の国内源泉所得

国内法と租税条約で、所得源泉地が異なる場合

↓

所得源泉地の置き換え規定

↓

租税条約の規定が優先

源泉徴収が必要な使用料

非居住者や外国法人に使用料を支払う場合、原則、源泉徴収が必要
源泉徴収が必要となる使用料について、国内法では次のように規定

> **国内で業務を行う者**から受ける次に掲げる使用料または対価で**当該業務に係るもの**
> ① 工業所有権その他の技術に関する権利、特別の技術による生産方式もしくはこれらに準ずるものの使用料またはその譲渡による対価
> ② 著作権（出版権および著作隣接権その他これに準ずるものを含む）の使用料またはその譲渡による対価
> ③ 機械、装置、車両および運搬具、工具、器具、備品の使用料

使用地主義と債務者主義

使用料が国内源泉所得となる場合に、源泉徴収対象となる。
〈使用料が国内源泉所得となるかどうかの判定基準〉
① 使用地主義
　　その使用料の発生の元となる権利や資産を実際に使用している国が使用料の所得源泉地であるとする考え方。使用料の発生の元となる権利や資産が日本国内で使用されていれば国内源泉所得となり、源泉徴収の対象。国内法では「使用地主義」を採用。
② 債務者主義
　　使用料の支払者の居住地をその使用料の所得源泉地とする考え方。日本法人が支払う使用料は国内源泉所得となり、源泉徴収の対象。権利や資産がどこで使用されたかはここでは関係ない。租税条約の多くは、「債務者主義」を採用。
　　例：日韓租税条約12条4項では、「使用料は、その**支払者が一方の締約国の居住者である場合、当該一方の締約国内において生じたものとされる。……**」と規定、使用料の支払者（＝債務者）の居住地国に所得源泉がある。

所得源泉地の置き換え規定

　国内法と租税条約で、国内源泉所得について異なる定めがある場合、**所得源泉地は租税条約の定めによる**（所得源泉地の置き換え規定）。
　「所得源泉地の置き換え規定」は、租税条約で国内法と異なった所得源泉地に関する規定があった場合、国内法の規定を租税条約の規定に置き換えるもので、結果的に租税条約の規定が優先。

【ケース１】韓国法人に対する特許権使用料の支払

　　日本法人は、韓国法人から特許権の使用許諾を受け、その特許をＸ国にある工場で使用し、製品を製造。

　　この日本法人が韓国法人に支払う特許権使用料は、源泉徴収は必要となるか。

【回答】日本法人が韓国法人に支払った使用料は、10％の源泉徴収が必要

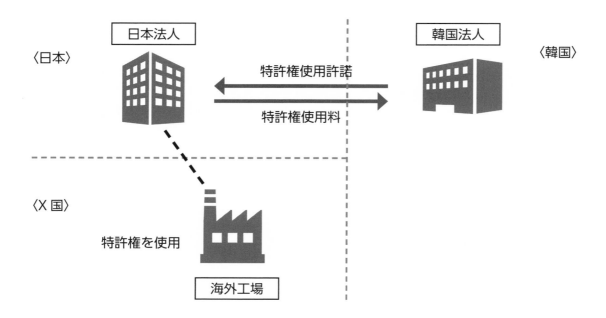

【ケース1の解説】

以下の手順で検討

(1) 所得源泉地の検討（国内源泉所得となるのか？）

国内法→租税条約の順で検討

［国内法］

日本法人は特許権をX国の工場で使用、製造活動を行っており、**特許権の使用地はX国**

国内法では使用地主義、国内法のもとでは、源泉徴収は必要ない。

［日韓租税条約］

日韓租税条約では債務者主義。債務者主義の下では、使用料の支払者の所在する国で所得が発生したと考える。

左記のケースは、**日本法人が使用料の支払者**であることから、**日本が所得源泉地**

⇒租税条約では国内源泉所得として源泉徴収が必要

国内法と租税条約の規定が異なる場合、租税条約の規定が優先し、源泉徴収が必要。

(2) 源泉徴収税率の検討

源泉徴収税率は、国内法では20.42%

⇒租税条約で減免される可能性があり、租税条約を確認

日韓租税条約12条2項（下線は筆者追加）

「1の使用料に対しては、当該使用料が生じた締約国<u>（日本)</u>においても、当該締約国<u>（日本）</u>の法令に従って租税を課することができる。その租税の額は、当該使用料の受益者<u>（韓国法人）</u>が他方の締約国<u>（韓国）</u>の居住者である場合には、**当該使用料の額の10%を超えないもの**とする。」

⇒国内法の20.42%が租税条約により10%に減免

(3) 結論

日本法人が韓国法人に支払った使用料は、10%の源泉徴収が必要

【ケース2】設備の使用料

> 日本法人であるX社は韓国に進出するにあたり、駐在員事務所を設置し市場調査等を行う予定。現地での業務に必要な事務機器は、現地の法人から賃借しレンタル料を支払う。X社が韓国法人にレンタル料を支払うにあたり、源泉徴収は必要か。

【回答】支払額の10%を源泉徴収し、翌月末までに納付

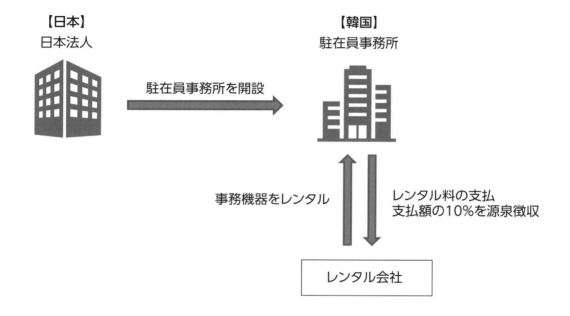

租税条約の取扱い

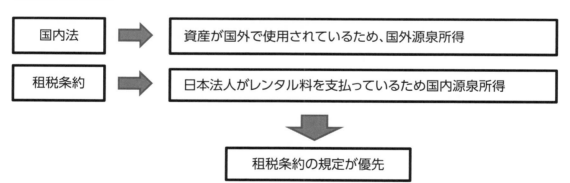

国内法の取扱い

　所得税法では、**国内において業務を行う者から受ける「機械、装置、車両運搬具、工具、器具備品の使用料」**は国内源泉所得に該当。

　国内法では「使用地主義」で、資産が国内で使用されていれば国内源泉所得となるが、資産が国外で使用されている場合、国内源泉所得とならない。

　左記のケースで、資産は韓国で使用され、国内法では国内源泉所得とはならず、源泉徴収の対象にならない。

　しかし、国内源泉所得となるものの範囲につき租税条約に異なる定めがある場合、租税条約の規定が優先、この役務提供の対価が国内源泉所得に該当するかどうか日韓租税条約の規定を確認。

租税条約の取扱い

　「産業上、商業上若しくは学術上の**設備の使用の対価**」が使用料に該当（日韓租税条約12③）すると規定、事務機器のレンタル料は日韓租税条約で使用料に含まれる。

　次に、国内源泉所得に該当するかどうか、多くの租税条約では「債務者主義」という考え方を採用。「債務者主義」とは、支払者が所在する国に所得源泉があるとする考え方（P.87参照）。例えば、日本法人が事務機器のレンタル料を支払う場合、その事務機器がどこで使われようと、日本の国内源泉所得となる。

　日韓租税条約で債務者主義を採用（日韓租税条約12④）。

　国内法と租税条約で、国内源泉所得の定義が異なる場合、**所得源泉地は租税条約の定めにより、X社はレンタル料を支払う際に源泉徴収が必要。**

韓国に支店等の恒久的施設がある場合

　韓国にあるのが駐在員事務所でなく支店等のような恒久的施設の場合、課税関係は異なる。

　レンタル料の支払者が韓国に恒久的施設を有する場合、レンタル料が当該恒久的施設について生じ、かつ、その恒久的施設によって負担される場合、当該レンタル料は恒久的施設の存在する韓国において生じたものとされる。つまり、レンタル料は国内源泉所得とはならず、日本での課税の対象とならない（日韓租税条約12④ただし書）。

源泉徴収税率と納期限

　国内法では源泉徴収税率は20.42％。

　一方、日韓租税条約で、使用料の支払を受ける日の前日までに源泉徴収義務者を経由し、「租税条約に関する届出書」を所轄税務署長に提出することにより10％に軽減。

　なお、レンタル料を韓国の駐在員事務所が支払う場合、納付期限は支払日の属する月の翌月10日ではなく翌月末日となる。

10 貸付金利子の取扱い

【ケース】

当社はオランダ法人Ａ社の子会社（日本法人）。

親会社であるＡ社から設備資金10億円を借り入れ、借入利息2,000万円をＡ社に支払。この資金は、新たに台湾に建設する工場の設備投資に使用。

当社がオランダ法人Ａ社に支払った2,000万円の利子について源泉徴収は必要か。

【回答】Ａ社は、10％の源泉徴収が必要

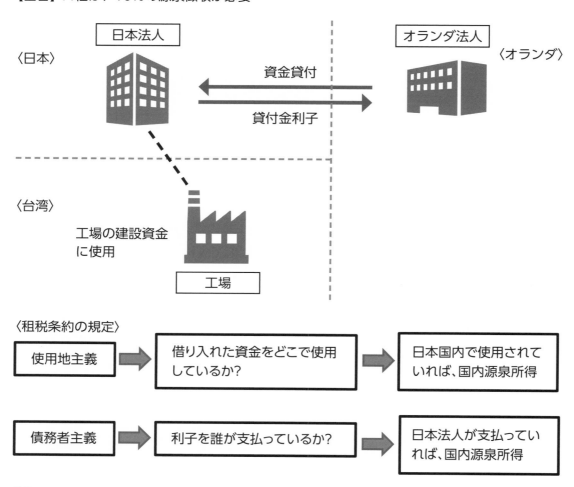

【誤りやすいケース１：利子を元本に繰り入れたため源泉徴収を失念】

当社は韓国法人Ｘ社の子会社だが、国内での設備資金としてＸ社から借入れを行った。利子には利払日に利息相当額を元本に繰り入れ、現実の支払がなかったために源泉徴収を失念。

【誤りやすいケース２：利子を債権と相殺したため源泉徴収を失念】

当社は、米国法人Ｙ社を親会社とする外資系法人であり、Ｙ社から事業資金の借入れをした。Ｙ社に対する利子は親会社に対する債権とネッティング決済（相殺）し実際の送金がなかったために源泉徴収を失念。

■ 所得税法の規定

　所得税法では、国内において業務を行う者に対する貸付金で当該業務に係るものの利子は国内源泉所得に該当。

　非居住者や外国法人（以下「非居住者等」）にこうした利子を支払う場合、源泉徴収が必要。源泉徴収税額は、貸付金の利子の額に20.42％を乗じた金額。

　所得税法では、「国内において業務を行う者に対する貸付金で当該業務に係るものの利子」が国内源泉所得に当たる（使用地主義）。借り入れた資金を日本での事業に使っている場合、使用地は日本となり、その利子は国内源泉所得となる。

　左記のケースで、日本法人が借り入れた資金は台湾工場の建設に使用。

　「使用地主義」の下では、オランダ法人に支払った利子は国内源泉所得に該当せず、源泉徴収は不要。

　しかし、国内源泉所得の範囲について租税条約に異なる定めがある場合、租税条約の規定が優先し、この貸付金の利子が国内源泉所得に該当するかどうか日蘭租税条約を確認。

■ 租税条約の規定

　「利子は、その支払者が一方の締約国の居住者である場合には、当該一方の締約国内において生じたものとされる。」と規定（日蘭租税条約11⑥）。実際の国名に置き換えると、「利子は、その支払者が日本の居住者である場合には、日本国内において生じたものとされる。」となり、この場合には利子の支払者（＝債務者）の居住地国に所得源泉があることとなる（債務者主義）。多くの租税条約で採用。「債務者主義」の下では、日本法人が支払った利子は、その貸付金がどこで使われようが、国内源泉所得となる。

　所得税法と租税条約で国内源泉所得について異なる定めがある場合、所得源泉地は租税条約の定めによる。租税条約の規定で、2,000万円の利子は国内源泉所得となり、源泉徴収が必要となる。

　次に、源泉徴収税率は、一方の締約国（日本）内において生じた利子は、限度税率を10％としており、国内法の源泉徴収税率である20.42％ではなく10％（日蘭租税条約11②）となる。

【誤りやすいケースの解説】

　左記は、実際に利子の支払がなかったために源泉徴収漏れとなっていたケース。

　所得税の源泉徴収をする時期は、原則として現実に源泉徴収の対象となる所得を支払うときとされている。ただし、ここでいう「支払」には、現実に金銭を交付する行為のほか、元本への繰入等、その**支払の債務が消滅する一切の行為**が含まれる（所基通181 〜 223共－1）。

　ただし、債務超過の状態が相当期間継続しその支払をすることができないと認められる場合、この限りではないとされている。

11 海外で勤務する役員の報酬

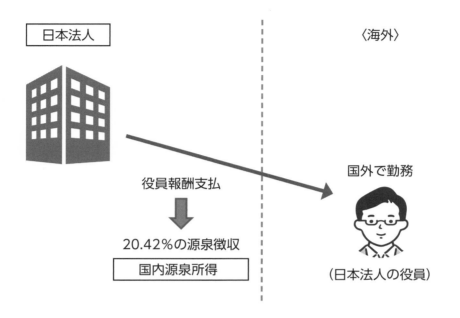

〔対応〕

内国法人の役員に対する給与は、その勤務が国外でも、20.42%の税率で源泉徴収

海外勤務する内国法人の役員給与の取扱い

海外勤務者等の非居住者は、日本国内で生じた「国内源泉所得」のみ課税。

海外勤務者が受け取る給与は、勤務地が外国である場合、原則、日本の所得税は課税されない。しかし、同じく海外勤務する人であっても日本の法人の役員の場合、その受け取る給与は取扱いが異なる。役員は、その勤務が外国で行われた場合でも、日本国内で生じたものとして「国内源泉所得」とされる。

企業経営を担う役員は、使用人のような一定の場所、一定の時間を使用者の指揮監督の下に労務を提供するという概念がなく、その所得の源泉地を実際の役務提供地国に限定することは適切ではないと考えられる。

内国法人の役員に対する給与は、その勤務が国外において行われる場合でも、国内源泉所得として支払を受ける際、20.42％の税率で源泉徴収。

原則として源泉徴収のみで課税関係が完結する源泉分離課税となり、年末調整や確定申告により精算はできない。

内国法人の使用人として常時国外勤務を行う場合

内国法人の役員としての勤務で、国外において行うものでも、内国法人の使用人（海外支店の支店長等）として常時勤務する場合に受ける給与は、一般の使用人が勤務した場合と変わりがなく、国内源泉所得に該当しないこととされ、源泉徴収の必要はない。

例えば、内国法人の取締役がロンドン支店長やベトナム工場長など使用人としての立場で常時海外において勤務している場合が該当。

内国法人の役員が、国外にある子会社に常時勤務する場合、次の①と②の要件をいずれも満たす場合、国内源泉所得としない。

① その子会社の設置が現地の特殊事情等に基づくものであって、その子会社の実態が内国法人の支店、出張所と異ならないものであること

② その子会社における勤務が内国法人の命令に基づくものであって、その内国法人の使用人としての勤務であると認められること

12 自由職業者へ支払う報酬

日本法人　　　　　　　　　　　　　　　　　　韓国人弁護士

日本国内で講演

講演料の支払

　海外から弁護士や大学教授などの専門家を招聘し、日本で講演などを依頼する場合、講演料等の報酬を支払う際に源泉徴収が必要となることがある。

【ケース1】

　日本法人X社で、2週間の予定で来日した韓国の弁護士A氏に講演を依頼。
　講演料をA氏に支払う。講演料の支払の際に源泉徴収をする必要はあるか。
　なお、A氏は韓国の居住者で日本国内に事務所等の恒久的施設は有していない。

【回答】

　自由職業を有する韓国の居住者が、日本で活動をして得た所得は、日本国内に恒久的施設を有しておらず、かつ日本での滞在日数が183日以内であれば日本では源泉徴収は不要。

【ケース2】

　日本法人Y社では、2週間の予定で来日した米国の大学教授B氏に講演を依頼。
　講演料をB氏に支払う。講演料の支払の際に源泉徴収をする必要はあるか。
　なお、B氏は米国の居住者で日本国内に事務所等の恒久的施設は有していない。

【回答】

　B氏は日本国内に恒久的施設を有しておらず、日本では免税となり、源泉徴収は不要。

【ケース1の解説】

(1) 国内法の取扱い

　非居住者が国内で人的役務の提供を行った場合、国内源泉所得となる。『俸給、給料、賃金、歳費、賞与またはこれらの性質を有する給与その他**人的役務の提供に対する報酬**のうち、**国内において行う勤務その他の人的役務の提供**（内国法人の役員として国外において行う勤務その他の政令で定める人的役務の提供を含む。）に基因するもの』を国内源泉所得として規定（所法161①十二イ）。非居住者である弁護士が日本国内で行った役務提供に対する報酬は国内源泉所得に該当し、20.42％の税率で源泉徴収。

(2) 租税条約での取扱い　※下線は筆者が追加

　「一方の締約国_（韓国）_の居住者が**自由職業その他の独立の性格を有する活動**について取得する所得に対しては、次の(a)又は(b)に該当する場合を除くほか、**当該一方の締約国**_（韓国）_**においてのみ租税を課することができる**（日韓租税条約14（自由職業所得））。

  (a) その者が自己の活動を行うため通常その用に供している固定的施設を他方の締約国内_（日本）_に有する場合

  (b) その者が当該暦年を通じて**合計183日以上**の期間当該他方の締約国内（日本）に滞在する場合」

　自由職業を有する韓国の居住者が、日本で活動をして得た所得は、日本国内に恒久的施設を有しておらず、かつ日本での滞在日数が183日以内であれば日本では課税されない。また、同条約で、「自由職業」について、『特に、学術上、文学上、芸術上及び教育上の独立の活動並びに医師、**弁護士**、技術士、建築士、歯科医師及び公認会計士の独立の活動を含む』とし、韓国の弁護士への支払報酬は、源泉徴収は不要。なお、租税条約には、自由職業者の免税要件で、「滞在日数が183日以内」がないものもあり、注意が必要。

(3) 租税条約の免税の適用を受けるための手続き

　租税条約の免税の適用を受けるため、「租税条約に関する届出書」の様式7（自由職業者・芸能人・運動家・短期滞在者の報酬・給与に対する所得税および復興特別所得税の免除）をX社を通じて所轄税務署長に提出。

【ケース2の解説】租税条約に「自由職業所得」の条項がない場合

　租税条約に「自由職業所得」の条項がない場合もある。

　日米租税条約は、芸能人または運動家以外の**自由職業者について直接規定していない。自由職業所得についての条項が設けられていない場合、「事業所得条項」が適用**。日米租税条約の事業所得条項（7条）では、米国の企業は日本にある恒久的施設を通じて日本国内で事業を行わない限り、米国においてのみ課税。このケースは、「恒久的施設なければ事業所得課税なし」という原則に従い、B氏は日本国内に恒久的施設を有しておらず、日本では免税となり、源泉徴収は不要。

13 外国人留学生に支払うアルバイト代

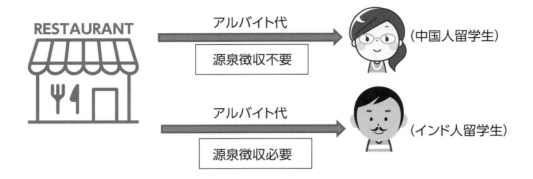

〈留意点〉

外国人留学生を雇用してアルバイト代を支払う場合、パスポートや学生証、在留カードなどの提示を受け、以下の点について確認する必要がある。

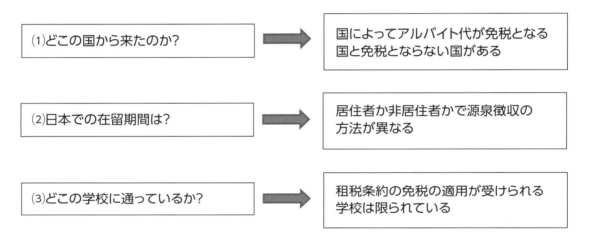

【ケース】

私はレストランを営んでいる。このたび、中国とインドからの留学生をアルバイトとして雇うこととなった。

留学生に支払うアルバイト代から源泉徴収しなければならないか。

【回答】

中国人留学生の日本での生活費や学費に充てるためのアルバイト代は、「**生計、教育または訓練のために受け取る給付または所得**」に当たるため、**所得税は免税**となり、源泉徴収も不要。

インドの場合は、日本以外の国から支払われるものは免税となるが、**日本で支払われる給与については免税とはならない**。

中国からの留学生の場合

中国からの留学生は、『専ら教育若しくは訓練を受けるため又は特別の技術的経験を習得するため一方の締約国（日本）内に滞在する学生、事業修習生または研修員であって、現に他方の締約国（中国）の居住者であるもの又はその滞在の直前に他方の締約国（中国）の居住者であったものがその生計、教育又は訓練のために受け取る給付又は所得については、当該一方の締約国（日本）の租税を免除』（日中租税協定21）と規定（※下線は筆者追加）。

中国人留学生の日本での生活費や学費に充てるためのアルバイト代は、「生計、教育又は訓練のために受け取る給付又は所得」にあたり、所得税は免税、源泉徴収不要。なお、租税条約の免税措置を受けるため、アルバイト代の支給を受ける日の前日までに、給与の支払者を経由して「租税条約に関する届出書」を、支払者の所轄税務署長に提出。

インドからの留学生の場合

インドからの留学生は、『専ら教育又は訓練を受けるため一方の締約国（日本）内に滞在する学生又は事業修習者であって、現に他方の締約国（インド）の居住者であるもの又はその滞在の直前に他方の締約国（インド）の居住者であったものがその生計、教育又は訓練のために受け取る給付については、当該一方の締約国（日本）の租税を免除する。ただし、当該給付が当該一方の締約国（日本）外から支払われるものである場合に限る（日印租税条約20）』と規定（※下線は筆者が追加）

インドの場合、最後の波線部により、日本以外の国から支払われるものは免税となるが、**日本で支払われる給与は免税とはならない**。なお、ベトナム、シンガポール、マレーシア等の租税条約に同様な規定あり。

(1) 免税とならない場合の源泉徴収

留学生に支払う給与で、租税条約の減免が受けられない場合、居住者か非居住者かを判定し、各区分に応じ源泉徴収。「**非居住者**」は、給与支払い時に**20.42％の税率で源泉徴収**。「**居住者**」は、他の日本人アルバイトと同様に源泉徴収。扶養控除等申請書を提出すれば、甲欄で源泉徴収し、年末調整。

(2) 留学生の居住者・非居住者の判定

国内で継続して１年以上居住することを通常必要とする職業の場合、国内に住所を有すると推定（所令14①一）。学術・技芸の習得のため国内に住所を有することとなった者の住所は、その習得のために居住する期間その居住する地に職業を有するものとして上記の推定規定を適用（所基通3－2）。学業習得のため日本に１年以上居住する場合、来日のときから居住者となる。

(3) 対象となる「学生」とは

学生とは、**学校教育法1条に規定する学校の学生**を指す。学校教育法１条に規定する学校とは、幼稚園、小学校、中学校、高等学校、大学および高等専門学校等をいう。

専門学校や日本語学校の学生は、租税条約上の「学生」には該当せず、租税条約の規定による租税の免除を受けられない。

第3章

国際関係の法定調書

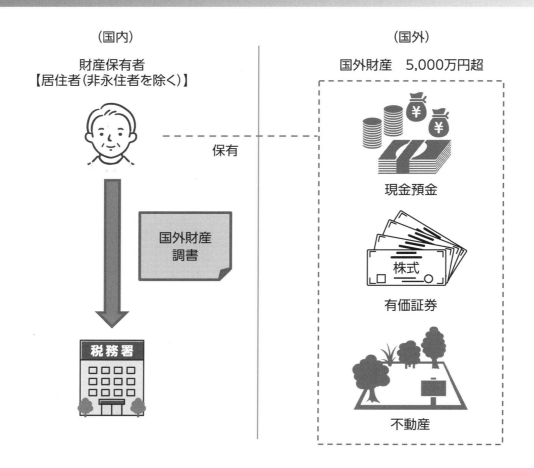

（国内）／（国外）

財産保有者
【居住者(非永住者を除く)】

国外財産　5,000万円超

保有

国外財産
調書

税務署

現金預金

株式
有価証券

不動産

国外財産調書（合計表）の記載例

国外財産調書の提出に当たっては、別途、「国外財産調書合計表」を作成し、添付する必要があります。

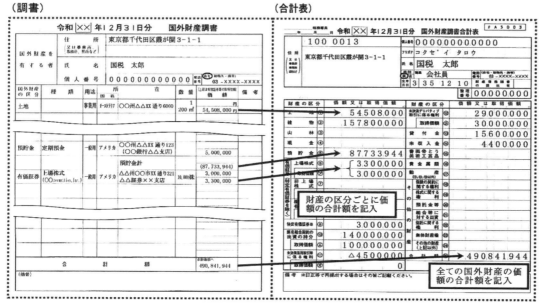

（出典：国税庁「国外財産調書のあらまし」）

国外財産調書の概要

　その年の12月31日において、その価額の合計額が5,000万円を超える国外財産を有する居住者（非永住者を除く）は、その年の翌年の3月15日（令和5年分以降は6月30日）までに、その国外財産の種類、数量および価額その他必要な事項を記載した「国外財産調書」を、所轄税務署長に提出。

　なお、相続開始の日の属する年の年分の国外財産調書は、その相続または遺贈により取得した国外財産（以下「相続国外財産」）を記載しない。この場合、相続開始年の年分の国外財産調書の提出義務は、国外財産の価額の合計額から相続開始年に取得した相続国外財産の価額の合計額を除外して判定（国送法5②）。

　「国外財産」とは、「国外にある財産をいう」とされる。

　国外判定は、基本的に相続税法10条の規定によっているが、
　①「不動産または動産」はその不動産または動産の所在
　②「預金、貯金または積金」は、その預金、貯金または積金の受入れをした営業所または事業所の所在
　③「有価証券等」は、その有価証券を管理する口座が開設された金融商品取引業者等の営業所の所在

財産債務調書との関係

　財産債務調書を提出する者であっても、5,000万円を超える国外財産を有するときは、国外財産調書も提出。

　国外財産調書を提出する場合、財産債務調書には、国外財産調書に記載した事項のうち、国外財産の価額以外の事項は、記載しなくてもよい。「国外財産調書に記載した国外財産の価額の合計額」および「国外財産調書に記載した国外財産のうち国外転出特例対象財産の価額の合計額」を記載。

　なお、国外に存する債務は、「財産債務調書」に記載する必要があるが、国外財産調書には記載する必要はない。

〈参考〉財産債務調書

　その年分の退職所得を除く各種所得金額の合計額が2,000万円を超え、かつ、その年の12月31日において、その価額の合計額が3億円以上の財産またはその価額の合計額が1億円以上の国外転出特例対象財産を有する場合、財産の種類、数量および価額ならびに債務の金額その他必要な事項を記載した財産債務調書を所得税の納税地の所轄税務署長に提出。

〈国外財産調書の提出状況〉

　国税庁の公表資料によると、国外財産調書の提出件数は11,331件（令和2年）、12,109件（令和3年）。財産総額は4兆9,654億円（令和2年）、5兆6,364億円（令和3年）と、提出件数、財産総額ともに毎年伸び続けている。

〈国外財産調書の提出件数と財産総額の推移〉

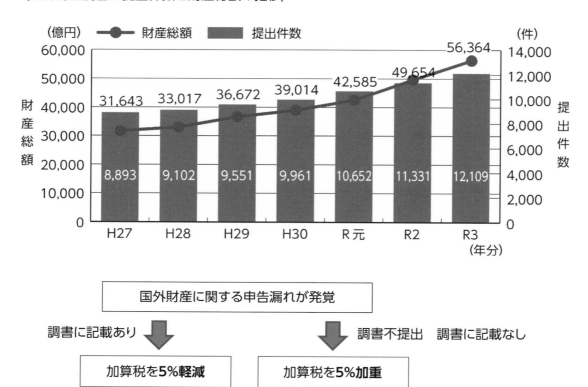

<過少申告加算税の割合>

	過少申告加算税の割合
通常	10％※
調書に記載あり	5％（5％軽減）
関連資料の不提示・不提出	10％（軽減不適用）
調書の不提出・記載不備	15％（5％加算）
関連資料の不提示・不提出	20％（10％加算）

※期限内申告額と50万円のいずれか多い金額を超える分は15％

過少申告加算税等の特例措置

(1) 国外財産調書の提出がある場合の過少申告加算税等の軽減措置

　国外財産調書を提出期限内に提出した場合、国外財産調書に記載がある国外財産に係る所得税および復興特別所得税（所得税等）または国外財産に対する相続税の申告漏れが生じたとき、その申告漏れに係る部分の過少申告加算税等について、5％軽減。

(2) 国外財産調書の提出がない場合等の過少申告加算税等の加重措置

　国外財産調書の提出が提出期限内にないまたは提出期限内に提出された国外財産調書に記載すべき国外財産の記載がない場合（重要なものの記載が不十分である場合を含む）、当該財産の申告漏れ（死亡した方に係るものを除く）が生じたとき、その国外財産に関する申告漏れに係る部分の過少申告加算税等に、5％加重。

(3) 国外財産調書に記載すべき国外財産に関する書類の提示または提出がない場合の過少申告加算税等の軽減措置および加重措置の特例

　国外財産に係る所得税等または国外財産に対する相続税の調査に関し修正申告等があり、過少申告加算税等の適用のある方がその修正申告等の日前に、国外財産調書に記載すべき国外財産の取得、運用または処分に係る書類として財務省令に定める書類（電磁的記録や写しを含む）の提示または提出（提示等）を求められた場合、その日から60日を超えない範囲内で、提示等の準備に通常要する日数を勘案して指定された日までに提示等がなかったとき（提示等をする方の責めに帰すべき事由がない場合は除く）は、次のような特例措置が設定。

　(a) 上記(1)の過少申告加算税等の軽減措置は、適用しない。

　(b) 上記(2)の過少申告加算税等の加重措置は、加算割合を5％から10％。

(4) 提出期限後に提出された国外財産調書の取扱い

　提出期限後に国外財産調書を提出した場合でも、その国外財産に関する所得税等または相続税に、**調査があったことにより更正または決定があるべきことを予知してされたものでないとき**は、その国外財産調書は「**提出期限内に提出されたもの**」として、上記の過少申告加算税等の優遇措置または加重措置の特例を適用（国送法6⑥）。

令和4年度税制改正での見直し

　提出期限後に国外財産調書が提出された場合、その提出が、調査による更正または決定があることを予知してされたものでないときは、**調査通知前にされた場合**に限り適用。

　この改正は、国外財産調書が令和6年1月1日以降に提出される場合に適用。

〈国外財産調書Q＆A〉

■提出義務者の判定

【Q1】給与所得者で、年末調整で終了している者

　Aは給与所得者で、勤務先で年末調整を行っているため確定申告はしていない。

　海外に5,000万円を超える預金を保有。

　確定申告を必要としない者でも、国外財産が5,000万円超は、「国外財産調書」を提出。

【Q2】来日3年目の外国人

　Bは外国人（外国籍）で、3年前に来日し、そのまま日本に居住。

　Bは本国に3億円を超える預金や不動産などを保有。

　Bは非永住者に該当し、国外財産調書を提出する必要はない。

　国外財産調書提出対象者は**非永住者以外の居住者**

【Q3】来日7年目の外国人

　Cは外国人（外国籍）で、7年前に来日、そのまま日本に居住。

　Cは本国に3億円を超える預金や不動産などを保有。

　Cは**非永住者以外の居住者（永住者）**に該当し、国外財産調書を提出。

【Q4】海外からの帰国者

　D（日本人）は10年間の海外支店勤務を終了し、本年9月30日に帰国。

　今後は日本本社での勤務。海外赴任中に預金や有価証券等の8,000万円を海外に残してきた。

　Dは、12月31日現在で日本の居住者であり、かつ5,000万円超の国外財産を有し、国外財産調書を提出。

【Q5】借入金で海外不動産を取得した者

　E（日本人）は、ハワイで1億円のコンドミニアムを自己資金3,000万円と金融機関からの借入金7,000万円で購入。正味財産は3,000万円。

　国外財産を借入金で取得した場合でも、**借入金元本を差し引けず国外財産調書を提出。**

【提出義務者の判定の解説】

居住者の判定は、その年の12月31日の現況により判定。

非永住者以外の居住者（永住者）で、その年の12月31日において、その価額の合計額が5,000万円を超える国外財産を有する場合、その年の翌年の3月15日までに「国外財産調書」を提出。

所得税法に規定する「居住者」は、国内に住所を有し、または現在まで引き続いて1年以上居所を有する個人、「非永住者」は、居住者のうち、**日本の国籍を有しておらず、かつ、過去10年以内において国内に住所または居所を有していた期間の合計が5年以下**である個人。

日本在住の外国人は、永住者になるタイミングをチェックする必要がある。

【借入金で海外不動産を取得した者の解説】

国外財産調書の提出義務は、**国外財産そのものの価額を判断基準**とする。

海外財産をローンを組んで購入した場合でも、ローンの金額は差し引かない。よって、このケースでは、国外財産そのものの価額である1億円を基に判定、国外財産調書の提出義務がある。

国外財産調書の場合、財産債務調書とは異なり、債務の金額は記載事項とはなっていない。国外財産のみを申告する調書となっている。

■国外財産の判定

【Q6】海外支店の預金

日本の銀行の海外支店に開設した預金口座

日本の銀行の海外支店で開設した口座は「国外財産」となる。

外資系銀行の日本支店で開設した口座は「国内財産」で、記載の必要はない。

【Q7】海外支店の口座で管理されている有価証券

日本の証券会社の海外支店の口座で管理されている有価証券

日本の証券会社の海外支店に開設した口座で管理される有価証券は「国外財産」となる。

【Q8】国外の法人に対する貸付金

国外に設立された法人（本店所在地は国外）に対する、運転資金としての貸付金

債務者である法人の本店所在地が国外にある場合、「国外財産」。

【Q9】仮想通貨

国外の仮想通貨取引所に仮想通貨を保有

居住者の方が国外の仮想通貨取引所に保有する仮想通貨は、「国外財産」とならない。

■財産債務調書との関係

【Q10】財産債務調書を提出する場合の国外財産調査の提出義務

財産債務調書には国内財産と国外財産の双方を記載するが、財産債務調書を提出する場合でも、5,000万円を超える国外財産を有する場合、国外財産調書も提出するのか。

財産債務調書を提出する者であっても、5,000万円を超える国外財産を有するときは、国外財産調書も提出。

【国外財産の判定の解説】

　金融機関に預け入れている預貯金が「国外にある」かどうかは、円建て、外貨建てを問わず、**その預金等の受入れをした金融機関の営業所または事業所の所在地**で判定。口座のある支店がどこにあるかが問題となる。

　有価証券等で金融商品取引業者等の口座で管理されるものは、**その口座が開設された金融商品取引業者等の営業所等の所在**により判定。口座のある証券会社の支店がどこにあるかが問題となる。海外の証券会社の日本支店で開設した口座で管理される有価証券は「国内財産」となり、記載の必要はない。

　金融機関の口座で管理されない有価証券等については判定基準が異なり、**有価証券等の発行法人の所在**で判定する。

　　本店または主たる事務所が国外に所在する法人が発行する有価証券は「国外財産」

　　本店または主たる事務所が国内に所在する法人が発行する有価証券は「国内財産」

　貸付金（貸付金債権）が「国外にある」かどうかは、その**貸付金の債務者である法人の本店等の所在**により判定。

　仮想通貨は、**財産を有する方の住所**（住所を有しない方にあっては、居所）の所在により判定。居住者の方が国外の仮想通貨取引所に保有する仮想通貨は、「国外財産」とならない。

【財産債務調書との関係の解説】

　財産債務調書を提出する者であっても、5,000万円を超える国外財産を有するときは、国外財産調書も提出。

　国外財産調書を提出する場合、財産債務調書には、国外財産調書に記載した事項のうち、国外財産の価額以外の事項については、記載しなくてもよい。「国外財産調書に記載した国外財産の価額の合計額」および「国外財産調書に記載した国外財産のうち国外転出特例対象財産の価額の合計額」を記載。

　なお、国外に存する債務は、「財産債務調書」に記載する必要があるが、国外財産調書には記載する必要はない。

2 国外送金等調書

《国外送金等調書の流れ》

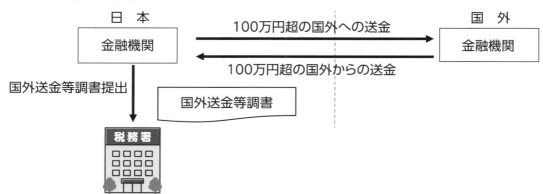

令 和   年 分   国 外 送 金 等 調 書

国内の送金者又は受領者	住所(居所)又は所在地				
	氏 名 又 は 名 称			個人番号又は法人番号	
国 外 送 金 等 区 分	1．国外送金・2．国外からの送金等の受領		国外送金等年月日	年 月 日	
国外の送金者又は受領者 の 氏 名 又 は 名 称					
国外の銀行等の営業所 等 の 名 称					
取 次 ぎ 等 に 係 る 金 融 機 関 の 営 業 所 等 の 名 称					
国外送金等に係る相手国名					
本人口座の種類	普通預金・当座預金・その他（ ）		本人の口座番号		
国外送金等 の 金 額	外 貨 額		外貨名	送金原因	
	円 換 算 額	（円）			
(備考)					
提出者	住所(居所)又は所在地				
	氏 名 又 は 名 称	（電話）		個人番号又は法人番号	
整 理 欄	①		②		

110

制度の趣旨

　所得税・法人税・相続税その他の内国税の適正な確保を図ることを目的として、国外送金等調書制度が平成10（1998）年4月に施行、国外送金および国外からの送金等の受領が、一定額を超えた場合、取り扱った金融機関に「国外送金等調書」の提出が義務化。

　国税当局では、海外取引に係る資金の流れや国外財産を把握するための情報源として、調査事案の選定などに活用。

制度の概要

　国外送金等調書は、国外への送金または国外から送金を受領した金額が100万円を超えた場合、金融機関が税務署に提出する法定調書。

　国外送金等調書には、

- ① 　送金者または受領者の氏名・名称
- ② 　国外送金等年月日
- ③ 　国外の銀行等の営業所（支店）の名称
- ④ 　相手国
- ⑤ 　本人口座の種類、口座番号
- ⑥ 　国外送金等の金額
- ⑦ 　送金原因等

を記載。

国税当局の着眼点

・個人の口座へ海外の企業から送金

→個人の収入として申告されているか。

　　個人が法人の代表者となっている場合、法人収入とすべきもの（例えばコミッション収入）を個人口座入金により法人の収入から除外との疑い。

・日本から海外にある本人名義の口座へ多額の送金

→当該預金の運用益の申告および国外財産調書の記載等を検討

　　将来相続が発生した場合、当該預金が相続財産として申告の有無のチェック

・タックスヘイブン国へ多額の送金

→タックスヘイブン国の会社を利用し、租税回避

　　タックスヘイブン対策税制等の検討

・海外送金目的が「使用料」

→源泉所得税の納付事績を確認。著作権、工業所有権の使用料や機械等のリース料の支払等の源泉徴収の検討

・海外の家族名義の口座に送金

→贈与税の対象とならないかの検討

3 国外証券移管等調書

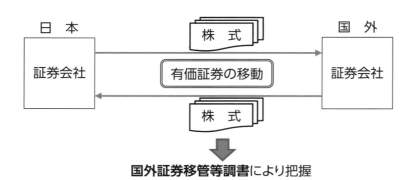

国外証券移管等調書により把握

《国外証券移管等調書制度の流れ》

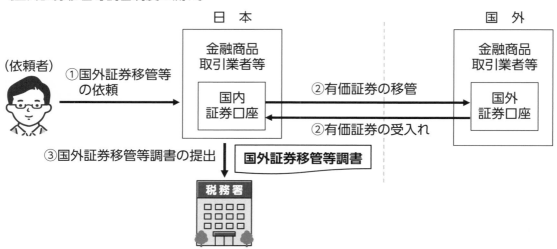

令和　　年分　国　外　証　券　移　管　等　調　書								

国外証券移管者又は受入者	住所（居所）又は所在地							
	氏名又は名称				個人番号又は法人番号			

国外証券移管等区分	１．国外証券移管・２．国外証券受入れ	国外証券移管等年月日		年　　　月　　　日
国外証券移管の相手方の氏名又は名称				
国外の金融商品取引業者等の営業所等の名称				
国外証券移管等に係る相手国名				

国　外　移　管　等　を　し　た　有　価　証　券						
種類	銘柄	株数又は口数	額　面　金　額			
			外貨額	外貨名	円換算額	
		株(口)	┊		┊	千　　　円
			┊		┊	
			┊		┊	
			┊		┊	
移管等の原因となる取引又は行為の内容						

（備考）

金融商品取引業者等	所在地			
	名称	（電話）	法　人　番　号	

整　理　欄	①	②

112

制度の趣旨

　現金での資金移動に加え、有価証券の国境を越えた移管により、有価証券の運用所得や譲渡所得を逃れる事例等がある。国外送金等調書では把握できず、平成26年度の税制改正で、国境を越えた有価証券の証券口座間の移管を行った場合に調書の提出を義務付けし、「国外証券移管等調書制度」が創設。

　日本と海外との間の現金の動きは、国外送金等調書により、有価証券の動きについては国外証券移管等調書で、富裕層の財産の国境を越えた移動に対する国税当局の監視を強化。

制度の概要

　金融商品取引業者等は、その顧客からの依頼により国外証券移管等をした際、国外証券移管等ごとに、その顧客の氏名または名称および住所、その国外証券移管等をした有価証券の種類および銘柄等の一定の事項を記載した調書（国外証券移管等調書）を、その国外証券移管等をした日の属する月の翌月末日までに、その国外証券移管等を行った金融商品取引業者等の営業所等の所在地の所轄税務署長に提出。

　なお、国外証券移管等調書は、国外送金等調書とは異なり、その国外証券移管等をした有価証券の価額にかかわらず、すべての調書を提出する。

国外証券移管等調書の記載事項（国送法施行規則 11 の 4）

イ　その国外証券移管等をした顧客の氏名または名称および個人番号または法人番号

ロ　その国外証券移管等をした顧客の住所
　　（国内に住所を有しない者にあっては、居所等一定の場所）

ハ　その国外証券移管等をした有価証券の種類、銘柄および数または額面金額

ニ　その国外証券移管等をした年月日

ホ　その国外証券移管等に係る告知書に記載されている国外証券移管等の原因となる取引または行為の内容

ヘ　その国外証券移管等に係る国外証券口座を開設された金融商品取引業者等の営業所、事務所その他これらに類するものの名称

ト　その国外証券口座を開設している者の氏名または名称

チ　その国外証券移管等に係る相手国名

リ　その国外証券移管等に係る告知書に記載されている納税管理人の氏名および住所（国内に住所がない場合には、居所）

ヌ　その国外証券移管等に係る告知書に記載されている法人課税信託の名称および法人課税信託の信託された受託営業所の所在地

ル　その他参考となるべき事項

第4章

海外取引に係る
情報交換制度

（出典：国税庁　報道発表資料）

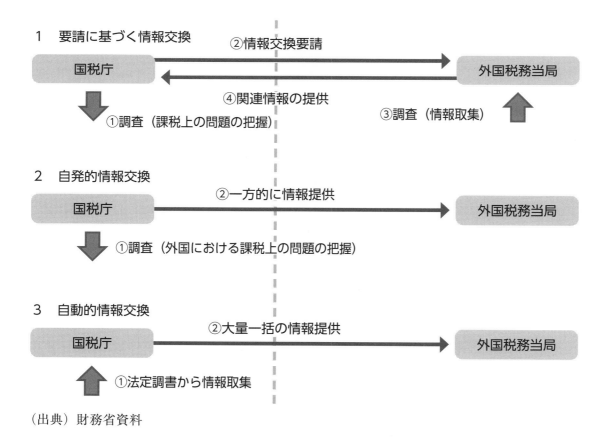

（出典）財務省資料

情報交換は、租税条約等に情報交換規定を置いている国との間で行う。租税条約等には、二国間租税条約のほか、情報交換を主たる内容とする情報交換協定、多国間の税務行政執行共助条約があり、これらを併せると、2023年7月1日現在、153カ国・地域と情報交換が可能。外国税務当局間で、調査に必要な税に関する情報提供を行う。

情報交換の3類型

(1) 要請に基づく情報交換

海外取引調査で、国内で入手できる情報だけでは事実関係を十分に解明できない場合、海外税務当局に調査に必要な情報の収集・提供を依頼し、海外当局の職員が、日本側から要請された海外法人に係る以下の情報の収集が可能

・決算書および申告書、経理処理がわかる書類・登記情報・契約書・インボイス等
・海外の銀行預金口座情報・外国税務当局の調査官の取引担当者への聴取

OECDの国際基準で、相手国等から情報提供要請を受けてから90日以内に、相手国等に対し要請を受けていた情報を提供するか、または進捗状況等の通知をしなければならないとされ、さらに、その実施状況について各国相互のピアレビュー（相互監査）が定期的に行われ、回答を受領するまでの期間は格段に短期化。

外国税務当局に情報提供を要請し、その回答を基に課税した例

法人税調査
【事例1】 日本法人が、A国法人からの輸入取引でA国の個人Bに手数料を支払
役務提供の事実確認のため、A国税務当局に、個人Bの支払手数料の確認を要請。
⇒手数料は、架空手数料と判明。

【事例2】 日本法人からA国販売代理店への支払手数料が、B国銀行「J」名義個人口座へ入金
A国税務当局へ、販売代理店の支払手数料の確認を要請。
⇒手数料は、当該販売代理店取引の謝礼金としてJ氏への支払が判明。交際費として課税。

【事例3】 内国法人D社がX国の複数法人へ不動産開発のコンサルタント料を支払。コンサルタント契約書に記載された相手と、請求書の発行元や支払先が異なっていたほか、コンサルタント料総額の約半分が長期間未払い等の不審点から、X国税務当局に当該資料を要請。
⇒架空契約書により役務提供の事実がないコンサルタント料を計上したことが判明。

相続税調査
被相続人が保有するC国金融機関の口座に日本から多額の送金があったが、相続人からの申告残高は少額。C国税務当局に、口座残高の調査を依頼。
⇒相続開始時点に申告金額を超える残高が判明。相続財産の申告漏れとして課税。

〈取引先の従業員に支払った謝礼を販売手数料に仮装していた事例（要請に基づく情報交換）〉
（前ページ事例2）

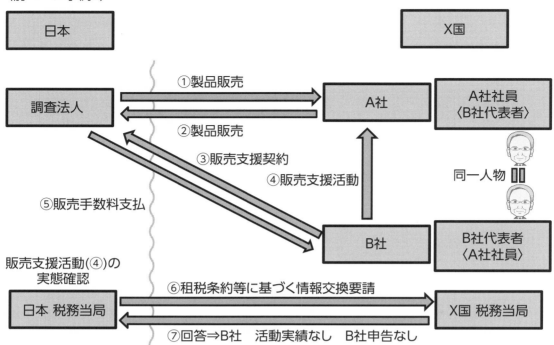

〈国外における簿外取引により資金を国外に留保していた事例（自発的情報交換）〉

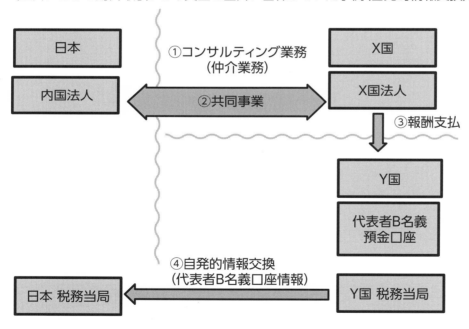

(2)　自発的情報交換

　国内での税務調査等での入手情報で、外国税務当局にとって申告漏れの把握につながる可能性がある等、有益と認められる情報を把握した場合、自発的に相手国に提供。国際協力の観点から、あくまで自主的に行うもの。

■ 外国税務当局に自発的に情報提供をした例

【事例1】内国法人は、X国に所在する法人Aから製品を輸入。代金をX国以外の**第三国に所在する法人B名義の口座に送金**、法人AがX国での売上除外を想定。X国税務当局に対し、送金や取引に関する資料を提供。

【事例2】内国法人代表者が、Y国に所在する法人Cから輸入した商品の仕入代金の一部を、**Y国に出張した際に現金で支払**、法人Cにおいて現金支払分の売上除外を想定。この事実をY国税務当局に提供。

【事例3】内国法人は、X国に所在する法人Cから製品を輸入しているが、その代金は法人Cの**代表者名義の口座に送金**、法人CがX国で売上除外を想定。X国税務当局に対し、送金や取引に関する資料を提供。

　海外取引の相手先から、通常とは異なる支払先や支払方法（「第三国送金」「現金決済」「個人口座への送金」など）が認められた場合、自社の課税上の問題はないとしても、情報交換により相手国の税務当局に通報される可能性がある。

(3)　自動的情報交換

　法定調書から把握した非居住者への支払（配当、不動産の使用料、無形資産の使用料、給与・報酬、キャピタルゲイン等）に関する情報を、支払国税務当局から受領国税務当局へ一括して送付。

　自動的情報交換により提供された利子・配当などに関する情報と確定申告書の申告内容を照合し、国外資産から生ずる所得の申告漏れの把握が可能。

■ 自動的情報交換により入手した情報を基に課税した例

　「自動的情報交換」で入手した海外金融機関からの受取利子に関する資料を基に、

・日本の居住者の所得税調査で、申告状況を確認し、外国銀行に預け入れた預金に係る利息が申告されていなかったことを把握し課税。

・日本の居住者の相続税調査で、申告状況を確認し、国外保有財産の申告漏れを把握し課税。

2 CRS（共通報告基準：Common Reporting Standard）

〈CRSの仕組み〉

（図1）CRSによる情報交換のイメージ　【日本→外国】

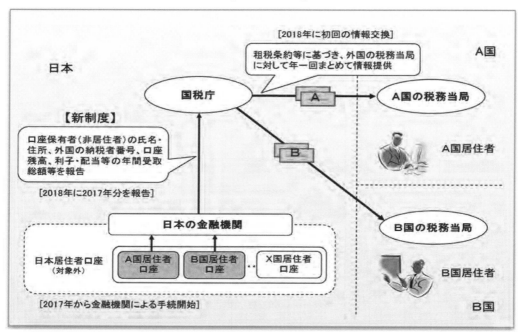

（出典）財務省資料

（図2）CRSによる情報交換のイメージ　【外国→日本】

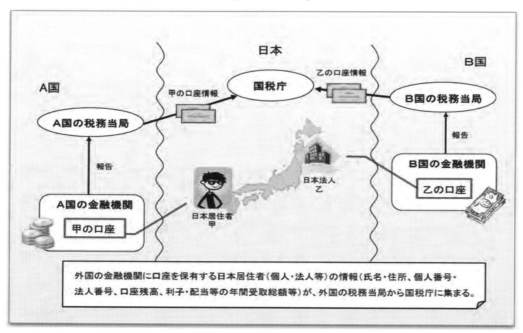

（出典）財務省資料

CRS とは

　非居住者の金融口座情報を各国税務当局間で交換するため、同基準を適用する国同士で、それぞれの国の金融機関に開設された相手国居住者の口座情報を年1回、自動的に交換。

　資産運用の国際化により海外資産保有者が増加し、海外資産に関する情報の国税当局の把握が困難なことを踏まえ、複数国で協調して取り組み、納税者の所得の補足を狙う。

　CRSの対象金融機関は、銀行、保険会社、証券会社も含まれ、報告対象口座は、普通預金口座等の預金口座、貯蓄性の保険契約・年金保険契約、証券口座等の保管口座および信託受益権等の投資持分とされ、報告対象口座情報は、口座保有者の氏名・住所、納税者番号、口座残高、利子・配当等の年間受取総額等。

CRSに基づく自動的情報交換の実施時期に関するコミット状況

（令和4年（2022年）1月1日現在）

2017年に初回交換（49か国・地域）	2018年に初回交換（51か国・地域）	2019年に初回交換（2か国・地域）ほか	初回交換時期未定（42か国・地域）
アイスランド / アイルランド / アルゼンチン / イタリア / インド / 英国 / (英)アンギラ* / (英)英領バージン諸島* / (英)ガーンジー / (英)ケイマン諸島* / (英)ジブラルタル / (英)ジャージー / (英)ターコス・カイコス諸島* / (英)バミューダ* / (英)マン島 / (英)モンセラット* / エストニア / オランダ / キプロス / ギリシャ / クロアチア / コロンビア / サンマリノ / スウェーデン / スペイン / スロバキア / スロベニア / セーシェル / 大韓民国 / チェコ / デンマーク / (丁)フェロー諸島 / ドイツ / ノルウェー / ハンガリー / フィンランド / フランス / ブルガリア* / ベルギー / ポーランド / ポルトガル / マルタ / 南アフリカ共和国 / メキシコ / ラトビア / リトアニア / リヒテンシュタイン / ルーマニア* / ルクセンブルク	アゼルバイジャン / アラブ首長国連邦* / アンティグア・バーブーダ / アンドラ / イスラエル / インドネシア / ウルグアイ / オーストラリア / オーストリア / (蘭)アルバ* / (蘭)キュラソー / (蘭)セントマーティン / カタール / カナダ / クック諸島 / グレナダ / コスタリカ / サウジアラビア / サモア* / シンガポール / スイス / セントクリストファー・ネービス* / セントビンセント及びグレナディーン諸島* / セントルシア / 中華人民共和国 / (中)香港 / (中)マカオ* / チリ / (丁)グリーンランド / ドミニカ国 / トリニダード・トバゴ / トルコ / ナウル* / ニウエ / 日本 / ニュージーランド / パキスタン / パナマ / バヌアツ / バハマ / バルバドス / バーレーン* / ブラジル / ブルネイダルサラーム* / ベリーズ* / マーシャル諸島* / マレーシア / モナコ / モーリシャス / レバノン* / ロシア	**2019年に初回交換（2か国・地域）** ガーナ / クウェート* **2020年に初回交換（4か国・地域）** オマーン* / ナイジェリア / (仏)ニューカレドニア* / ペルー **2021年以降に初回交換予定（15か国・地域）** アルバニア(2021) / エクアドル(2021) / カザフスタン(2021) / ケニア(2022) / ジャマイカ(2022) / モルディブ(2022) / モロッコ(2022) / ウガンダ(2023) / ウクライナ(2023) / タイ(2023) / モルドバ(2023) / モンテネグロ(2023) / ヨルダン(2023) / ジョージア(2024) / ルワンダ(2024)	アルジェリア / アルメニア / エジプト / エスワティニ / エルサルバドル / カーボベルデ / ガイアナ / ガボン / カメルーン / カンボジア / ギニア / グアテマラ / コートジボワール / ジブチ / セネガル / セルビア / タンザニア / チャド / チュニジア / トーゴ / ドミニカ共和国 / ナミビア / ニジェール / ハイチ / パプアニューギニア / パラオ / パラグアイ / フィリピン / ブルキナファソ / ベトナム / ベナン / ベラルーシ / ボスニア・ヘルツェゴビナ / ボツワナ / ホンジュラス / マダガスカル / マリ / モーリタニア / モンゴル / リベリア / レソト

（注）1　下線は日本との間におけるCRSに基づく自動的情報交換の実施対象国・地域（105か国・地域）。
　　　2　＊は日本からCRS情報の提供を行わない国・地域（28か国・地域）である。
　　　3　上記1のほかに、公益財団法人日本台湾交流協会（日本側）と台湾日本関係協会（台湾側）との間の民間租税取決め及びその内容を日本国内で実現するための法令によって、全体として租税条約に相当する枠組みが構築されており、これに基づき日本と台湾の間で金融口座情報が自動的に提供される。

（出典）国税庁報道発表資料

【図1の解説】 日本から外国税務当局へ

> 　日本での各国居住者の日本の金融機関に有する口座の情報を、日本の金融機関から国税庁に報告、国税庁から各国税務当局に情報提供

【図2の解説】 外国税務当局から日本へ

> 　日本居住者甲のＡ国金融機関の口座情報は、Ａ国税務当局を通じて国税庁に提供
> 　日本法人乙のＢ国の金融機関の口座情報は、Ｂ国税務当局を通じて国税庁に提供

〈CRS 情報の活用のイメージ〉

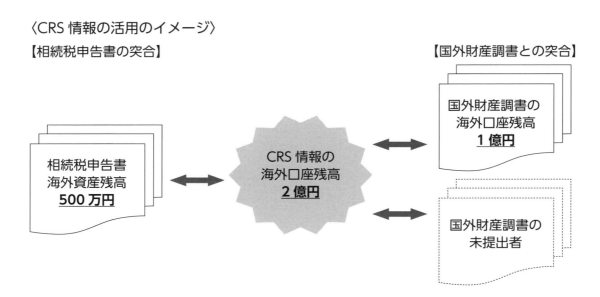

【相続税申告書の突合】　【国外財産調書との突合】

相続税申告書
海外資産残高
500 万円

CRS 情報の
海外口座残高
2 億円

国外財産調書の
海外口座残高
1 億円

国外財産調書の
未提出者

CRS情報と相続税の申告内容等を突合し、海外資産を発見する端緒とする。

外国に所在する法人の実質的支配者が日本の居住者である場合、外国法人の口座情報を日本に提供。

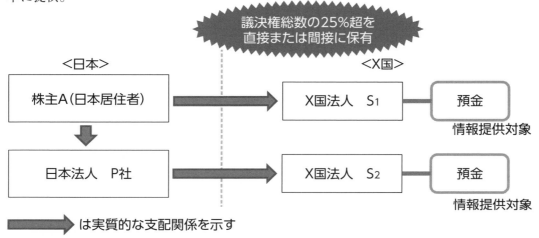

議決権総数の25%超を
直接または間接に保有

<日本>　　　　　　　　　　　　　　　　　　<X国>

株主A（日本居住者）　→　X国法人　S_1　──　預金
情報提供対象

日本法人　P社　→　X国法人　S_2　──　預金
情報提供対象

は実質的な支配関係を示す

CRS情報交換では、日本居住者が実質的支配者である海外法人の口座情報も交換。

〈実質的支配者〉

実質的支配者とは、法人の事業経営を実質的に支配することが可能となる関係にある者を指し、形式的には議決権総数の25%超を直接または間接に保有するすべての自然人をいう。

上の図では、X国法人のS_1社およびS_2社は、その実質的支配者が日本の居住者で、S_1社およびS_2社の預金口座等のCRS情報は、日本の税務当局に提供。

〈特定法人（Passive Non-Financial Entity：Passive NFE）〉

特定法人とは、収入または資産の過半が投資所得関連（配当、利子、賃料等）である法人

能動的な所得またはそれを生み出すための資産が全体の半分未満しかない法人

・子会社が特定法人の場合

日本法人の海外子会社が特定法人に該当すれば、その口座もCRS情報の対象。

親会社が同族会社で、そのオーナー（実質的支配者）が日本の居住者であれば、国税庁に情報が届く。

CRS情報を活用し、利子・配当等の申告漏れや相続財産の申告漏れを把握するほか、国外送金等調書・国外財産調書等の各種調書や保有資料情報等と併せて分析、課税上問題がある者を抽出し、税務調査を実施

CRS情報を活用して申告漏れを把握した事例

税務調査においてCRS情報が端緒となって申告漏れを把握した国税庁公表事例

【事例1】

　国税当局はＡの個人名義の海外預金口座を把握。所得税申告書等には海外預金に関連する所得や財産についての記載がなく、所得税の申告漏れを想定。

　税務調査の結果、Ａは海外で金融商品への投資や不動産の購入、貸付および売却を行っていたにもかかわらず、投資収益や不動産の賃貸料、売却益等の申告漏れが判明。

【事例2】

　被相続人ＢがＸ国の金融機関に預金口座を把握。相続人Ｃの相続税申告書には当該預金口座の記載がなく、相続税の申告漏れが想定。Ｂの相続開始時点のＸ国の金融機関口座の預金残高を示す資料の提供をＸ国税務当局に対し個別に要請。

　Ｂの相続開始時の預金残高を把握、Ｃの相続税の申告漏れが判明。

【事例3】

　Ｚ国所在の法人甲の金融機関の口座および当該法人の実質的支配者が相続人Ａであることを把握。当該法人の登記情報から、相続発生前に、当該法人の出資持分の名義が被相続人Ｂから相続人Ａに変更されていた事実を把握。

　調査の結果、被相続人Ｂは、当該法人の出資持分の名義変更後も、当該法人名義での資産運用を継続し、当該出資持分は被相続人Ｂの相続財産であったことが判明。相続人Ａは、当該出資持分が相続財産を認識、相続財産から意図的に除外し、相続税の申告を行っていなかった。さらに、当該法人の所得に関し、タックスヘイブン対策税制の適用による被相続人Ｂの雑所得の申告漏れも判明。

【事例4】

　軽課税国であるＹ国に所在する海外子会社の関連口座の蓄積にもかかわらず、日本の親会社の申告書に適正に反映されておらず、タックスヘイブン対策税制（外国子会社合算税制）の適用漏れを想定。

　実地調査前に当該法人から修正申告書が提出されたが、実地調査で関連書類をさらに検討したところ、新たに軽課税国に所在する海外子会社が判明し、タックスヘイブン対策税制の適用漏れが判明。

CRSの特徴の一つは、いわゆるタックスヘイブン国の多くが参加していることである。日本の居住者がタックスヘイブン国に海外法人を設立し、法人名義で資産運用等を行っている場合、当該法人名義の預金情報も日本の国税当局に提供される。今後は、CRS情報を基に、実質的支配者に対し、タックスヘイブン対策税制が適用されるケースが出てくる。

【編　者】

コンパッソ税理士法人グループ

創立1973年、2004年 コンパッソ税理士法人設立

税理士・公認会計士を含む社員250名を有する税理士法人

　「コンパッソ」とは、イタリア語で「羅針盤」という意味。15世紀末に複式簿記を発明した近代会計の父ルカ・パチョーリ博士（フィレンツェ出身）の母国語にちなんでいます。氏の簿記会計論"スンマ"は、簿記会計最古の文献として知られていますが、その中で、商人の基本条件として記帳・管理・財産等が記載されています。

　コンパッソ税理士法人グループは、スタートアップ企業、中堅中小企業や個人までの業務を中心にお客様の付加価値増大を目指し、税務、会計、コンサル、資産対策、事業承継支援、補助金支援などをワンストップでサービスを提供しております。

　コンパッソ税理士法人グループはこれからの100年に向けて、地に足をつけブレることなく、変化を創り続けます。

コンパッソ税理士法人

〈代表社員〉

税理士・公認会計士　内川 清雄（うちかわ　すみお）

〒150-0043　東京都渋谷区道玄坂1-10-5渋谷プレイス9F

TEL：(03)3476-2233　FAX：(03)3476-5958

URL:https://compasso.jp/

〈業務提携先〉

米国公認会計士齊藤事務所（Saito LLP）齊藤 幸喜（さいとう　こうき）

公認会計士（米国および日本）。ニューヨーク、ロサンゼルス、ハワイに拠点を持つ米国日本公認会計士齊藤事務所　Saito LLP 代表。日本のセンチュリー監査法人（現在のEY新日本有限責任監査法人）へ入社。1991年日本公認会計士資格登録、1992年ロサンゼルス事務所へ赴任。KPMGニューヨークへ移籍（監査部シニアマネージャー）。1995年カリフォルニア州公認会計士資格登録、1996年 ニューヨーク州公認会計士資格登録、2018年 ハワイ州公認会計士資格登録。

【執筆者紹介】

篠田　敏（しのだ　さとし）

1982年東京国税局入局後、大規模法人および外国法人の調査を担当。主任国際税務専門官、資料調査課長を経て2018年都内税務署長を退官後、税理士登録。
2020年4月よりコンパッソ税理士法人に社員税理士として登録。

青木　裕貴（あおき　ひろたか）

1986年東京国税局入局後、東京国税局調査部にて大規模法人調査を担当。国税庁にて外国税務当局との相互協議、財務省主税局にて国際租税関連の税制改正の企画立案に従事。東京国税局調査部においては、国際課税関係業務、特に移転価格税制の調査および事前確認審査（APA）を担当。
東京国税局事前確認審査課長、都内2か所の税務署長を歴任後、2023年9月よりコンパッソ税理士法人に社員税理士として登録。

田中　秀和（たなか　ひでかず）

1991年東京国税局入局後、国税庁、東京国税局、税務署において査察調査に従事、東京国税局 査察調査 国際課税を主に専門として国際専門官、国税庁国際業務課 ソウル派遣および情報交換担当等に従事。2016年 国税庁 国際業務課 課長補佐を経て2018年4月よりコンパッソ税理士法人に所属。2023年4月より社員税理士として登録。

〈顧問〉

多田　恭章（ただ　やすあき）

1990年東京国税局入局後、都内税務署の法人課税部門で中小企業の法人税等の税務調査を経て、東京国税局、国税庁で国際税務、海外取引を中心とした業務に従事。
2018年国税庁 国際業務課 主査を最後に退官、税理士事務所（TOP総合会計事務所）を開業、法人の税務顧問、税務雑誌の執筆、セミナー講師等を務める。

MEMO

MEMO

ポンチ絵と Q&A ですぐわかる
国際税務のポイント〈個人課税・源泉編〉

2023 年 11 月 20 日　初版第 1 刷発行

編　集　　コンパッソ税理士法人

発行者　　延對寺 哲

発行所　株式会社　ビジネス教育出版社

〒102-0074　東京都千代田区九段南 4-7-13
TEL 03（3221）5361（代表）／FAX 03（3222）7878
E-mail▶info@bks.co.jp URL▶https://www.bks.co.jp

印刷・製本／シナノ印刷㈱　装丁・本文デザイン・DTP ／タナカデザイン
落丁・乱丁はお取り替えします。

ISBN978-4-8283-1039-8　C2034